통찰력

시대와 사람을 읽는
Insight

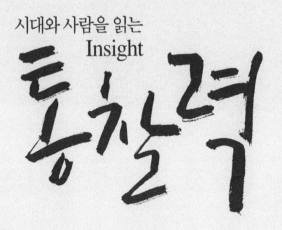

우수명 지음

통찰력은 기업의 상품기획과 마케팅에서 꼭 필요한 역량인데, 오랜 코칭경험
을 토대로 기업현장에서 도움이 되는 내용으로 구성해주어서 특별하다. 평생
을 LG전자 등 기업의 리더로서 마케팅에 전념해왔고 이제는 학문적으로 후진
에게 마케팅을 가르치고 있는 나에게도 새로운 깨달음과 통찰을 주는 내용이
었다. 전체적으로 통찰력이 왜 필요한지에 대한 내용뿐만 아니라 통찰력을 강
화시키는 실제적인 방법들을 제시해주어서 기업현장의 리더들과 코칭이나 컨
설팅 전문가들에게 신선한 자극이 될 것이라 생각된다.

(전)LG전자 마케팅 부사장, (현)우송정보대학 부총장 배재훈

회사는 급변하는 환경 속에서 합리적인 의사 결정과 미래를 예측하는 〈통찰력〉
을 절실히 요구한다. 이 책은 놀랍게도 그토록 갈구했던 통찰력을 얻는 방법을
집약적으로 담고 있다. 국내 대기업 및 중소기업의 리더들을 현장에서 직접 코
칭하며 통찰을 연구한 저자의 경험이 묻어 나온 책이라 더욱 값지다. 문제 해결
을 위해 통찰을 얻고자 하는 직장인들에게 이 책을 강력히 추천한다.

삼성전자 프로 동종성

4차 산업혁명의 핵심 역량으로 주목받는 감성지능과 평정심의 근간은 '통찰력'이라 할 수 있다. 이런 의미에서 우수명 대표의 이번 도서는 그간의 오랜 현업 경험을 바탕으로, 어떻게 문제에 접근해야 하는지, 그리고 어떻게 문제의 본질을 바라봐야 하는지 자세하고 명쾌하게 알려준다.

두산밥캣 Global HR팀 차장 이기호

4차 산업혁명 시대를 맞아 경쟁이 치열한 레드오션에서 미래 자신만의 블루오션 전략을 정확하게 예측할 수 있도록 돕는 최고의 책이다. 영성 기반 코칭이 되지 않으면 코칭의 효과성은 그 위력을 잃게 된다. 저자 스스로의 내면적 체득과 영적 통찰력을 중심으로 오랜 시간 숙성되어 이 세사에 나온 이 책은 나아갈 방향을 잡지 못하는 현대인들에게 번뜩이는 지혜와 예리한 해답을 명쾌하게 제시할 것이다.

연세대 리더십센터 겸임교수 및 수석코치(MCC) 서우경

서문 _008

1부 NEED TO 통찰력을 구하는 시대

1장 왜 통찰력인가? _021

나는 왜 몰랐을까 / 통찰이 가져온 결과의 차이 / 우리 조직은 왜 삐걱거릴까? /
현대 조직의 리더들이 가장 필요로 하는 것 / 결핍에서 시작되는 통찰/ 통찰력을 가진 소수 /
'아하'를 경험하라 / 시대가 원하는 인재상 / 시대의 목마름, 통찰력 /
코칭 리더십으로 살아나는 조직 / 수평적 연대의식

2장 조직을 살리는 통찰력 _053

예측의 힘 / 조직이 원하는 리더십의 변화 / 4차산업 시대의 리더십 / 통찰력에 관한 오해 /
경영자에게 필요한 통찰력 / 기업의 통찰력 현주소 / 브랜드 평판과 소통, 그리고 통찰력 /
코칭이 주는 통찰력 / 세계 기업에서 배우는 통찰력

2부 **HOW TO** 통찰력을 얻는 법

1장 연결하라 _091
정보를 연결하라 / 빅데이터를 활용하라 / 아는 것들을 새롭게 연결지으라 / WORKSHOP

2장 소통하라 _111
경험을 확장하라 / 틀을 깨고 나와라 / 공감하며 경청하라 / 경청과 피드백 / 3F 경청기법 /
피드백의 기술 / 질문을 사용하라 / 감성으로 다가가라 / WORKSHOP

3장 관찰하라 _147
생각의 각도를 15°옮겨라 / 사람들의 필요를 관찰하라 / 기존의 방식을 벗어나라 /
'뜻밖의 우연'을 관찰하라 / 직관을 믿어라 / WORKSHOP

4장 평정심을 유지하라 _173
자신을 깊이 들여다보라 / 자신을 냉철하게 평가하라 / 8단계 의식 / 평정심도 훈련이다 /
공유를 통해 평정심을 회복하라 / 잠깐 멈추라 / WORKSHOP

5장 몰입하라 _199
몰입의 힘을 경험하라 / 몰입으로 생각을 춤추게 하라 / 가치에 집중하라 /
가치에 몰입하는 비즈엘리트 / 가치가 지닌 가치 / 창의적 생각을 증폭시키라 /
절망을 창의적 몰입으로 바꾸라 / WORKSHOP

에필로그 _223

서문

'아니 이건 뭐지? 이건 예상치 못했는데? 이제 어떻게 해야 하지?'

멘붕이란 이럴 때 하는 말이겠다. 앞이 깜깜했다. 해야 될지 말아야 될지, 아니 어느 방향으로 가야 할지 그저 암담한 상태였다. 그때의 심정이란 막막한 절박함이었다.

16년 전 코칭 프로그램을 한국에 도입할 때만 해도 국내 기업을 비롯한 리더들에게 코칭은 생경한 분야였다. 하지만 미국을 비롯한 선진국에서는 코칭의 중요성을 인식하고 비즈니스 분야에 실제적으로 적용하여 많은 혜택을 누리고 있었기 때문에, 시대적인 필요에 따라 우리 나라에도 코칭의 도입이 시급하다는 확신이 들었다.

예상은 적중했다. 한국 사회에 코칭을 인식시키고 뿌리를 내리기까지 상당한 시간이 필요했지만, 4~5년이 지나면서 코칭의 장점을 알게 된 기업들이 리더 육성과 조직 변화를 위해 코칭을 도입하는 사례가 점차 늘어갔다.

그런데 제법 시장이 성장해가고 있을 때 큰 문제에 부딪혔다. '이제야 제대로 코칭 시장이 열리는구나.'하고 생각하고 있을 즈음 어느새 코칭 시장이 무한경쟁의 장이 되어버린 것이다. 처음 몇 년간을 불모지와 같은 생경한 분야를 개척하여 코칭의 필요성을 알리고 인식을 일깨우는 데 많은 자원과 힘을 쏟아왔는데, 이제 좀 성장하니 수많은 경쟁업체 가운데서 생존해야 하는 상황이 되어 버렸다. 게다가 전 세계적인 경제 침체에 한국도 직격탄을 맞아 컨설팅이나 리더십, 인재개발 관련 회사들이 너도나도 코칭 분야에 뛰어들면서 코칭 시장은 대각축장이 되어버렸다.

하지만 경쟁이란 어느 사회에서나 직면해야 하는 일이고 자본주의의 덫이자 꽃이 아니던가. 곰곰이 생각해 보았다. 과연 지금 겪고 있는 위기의 본질은 무엇일까. 나는 무엇 때문에 번아웃되었고 지쳐가고 있는가.

그것은 바로 코치로서의 정체성에 대한 고민이었다. 코칭 시장이 넓어지면서 무한경쟁 시대로 접어들었지만 정작 나 자신은 과연 코칭으로 사람들이 변화되고 있는지 의구심이 생긴 것이다. 그동안 수많은 기업을 다니며 리더십과 코칭 강의를 하고 일대일 코칭을 해왔다. 그런데 과연 코칭을 통해 얼마나 조직과 개인의 일과 삶이 성장을 이루었는지, 코칭이 정말 조직과 사회에 기여를 하고 있기는 한 건지 의구심이 들었다. 코칭을 받는 사람의 변화와 성장이 확연하게 나오지 않는 것에서 비롯된 답답함과 초조함이 내 영혼을 짓눌렀다.

'과연 코칭을 통해 사람이 바뀌기는 할까?'

'이 길이 맞기는 한 건가? 이것이 진정 내 생각만큼 가치 있는 일일까?'

목에 걸린 가시처럼 이러한 의구심이 목을 조르는 날들이었다. 삶의 본질과 정체성에 대한 고민과 함께 방황의 시간이 이어졌다. 점점 힘과 에너지가 고갈되어갔고 희망이 사라져갔다. 그렇게도 가슴 두근거리고 즐거웠던 일에서 더 이상 의미를 느낄 수 없었고 허탈한 마음으로 눈을 뜨고 다시 잠을 청했다.

그러던 중 누구와도 상의할 수 없는 답답한 마음을 안고 주말마다 자연 속으로 들어갔다. 주말마다 조용한 숲속을 걸으며 질문을 하고 신과 자연의 대답을 기다렸다. 숲에서 했던 질문은 이것이었다.

'코칭이 정말 사람을 근본적으로 변화시킬 수 있나?'

'내가 하고 있는 일이 정말 가치 있는 일인가?'

정확한 답을 얻지는 못했지만 신기하게도 주말에 산에 갔다 오면 마음이 편해졌다. 그 평정심을 느끼기 위해 계속 산으로 가기를 1년, 그렇게 혼자만의 시간을 갖는 동안 꽉 쥐고 있던 주먹의 힘이 점점 풀리면서 마음이 편안해졌다. 주먹을 꽉 쥘수록 모래알은 빠져 나간다는 것을 머리로는 알고 있었지만 현실에서는 힘을 뺄 수가 없었다. 그런데 자연 속에서 나와의 대화를 이어가면서 꽉 쥐었던 주먹의 힘이 점차 느슨해지고 어깨가 가벼워지는 것을 느낄 수 있었다. 지금까지 무엇을 위해 살아 왔는지, 무엇 때문에 자유를 누리지 못했었는지, 앞으로 어떻게 사는 것이 지혜로운 삶인지 등에 대해 질문을 던지면 위대한 신과 자연이 조용히 답을 들려주고는 했다. 그렇게 숲에서의 대화가 시작된 지 1년이 되어가던 어느 날, 그날도 어김없이 조용한 수련원의 뒷산을 걷고 있었다. 두 시간 정도 산책길을 돌며 스스로에게 질문을 던졌다. '과연 코칭이 뭘까?'

가장 본질적인 질문을 던지며 코칭의 가치와 의미를 생각해 보았다. 코치는 스스로 자신의 문제를 찾고 자신 안에 잠재되어 있는 능력을 사용하여 해결점을 찾도록 함께해 주는 파트너다. 말하자면 주체는 어디까지나 코칭을 받는 사람이고 코치는 옆에서 격려, 지지해 주는 파트너이다. 그런 기본적인 생각을 하고 있는데, 순간 섬광처럼 빛 한 줄기가 머릿속을 번쩍 지나갔다. '그래. 코칭으로 사람이 변화되고 아니고는 나의 몫이 아니다. 나는 단지 그들의 파트너가 되어 주는 사람이다. 나는 그 가치를 위해 진심을 다해 집중하기만 하면 된다.'

그랬다. 지금껏 나를 힘들게 한 것은 내가 모든 결과까지 책임지려고 했던 마음이었다. 코칭을 받은 이들의 삶을 책임져야 한다는 강박관념에 빠져있었던 것이다. 사람들에게 새로운 기법을 알려주고, 그것을 사용하여 일과 삶을 발전시킬 수 있도록 동기부여하고, 열정을 갖게 할 수는 있지만 실제로 변화할지 말지를 선택하는 것은 그들의 몫인데, 그 생각을 미처 하지 못했던 것이다. 사람들은 변화를 원하지만 절대로 내려놓을 수 없는 것이 있을 것이고, 개인마다 변화의 방법과 시기도 다르기 때문에 똑같은 프로그램과 방법을 통해 일률적으로 변화할 수는 없다는 것, 그동안 이 한계를 겸손하게 받아들이지 못한 것이다. 우리의 안내에 따라 그 길을 갈 것인지 말 것인지를 선택하는 것도, 일의 결과를 다양한 모양으로 만들어 내는 것도 전적으로 선택한 사람의 몫인데 말이다.

눈을 번쩍 뜨게 해준 이 통찰은 그 후 나의 일과 삶에 어마어마한 변화를 가져다주었다. 이후로 사람들, 일, 결과에 대해서 완전히 자유로워진 것이다.

위기를 격고 있던 아시아코치센터도 그 이후 바뀌었다. 경영 환경은 전혀 바뀌지 않았지만, 경영하는 마음과 태도는 바뀌었다. 나와 타인에게서 변화를 만들어내려고 긴장하고 몸부림치거나, 성장을 좇아 직원들을 몰아세우지 않게 된 것이다. 그러자 코칭에 대한 본질적인 의구심이 희망으로 바뀌고, 무력감과 불안감은 다른 사람을 향한 진정한 관심과 사랑으로 바뀌었다. 그 즈음에 우연히 성경에 나오는 마르다와 마리아 자매의 이야기를 듣게 되었다. 두 자매는 자신이 사랑하는 예수의 말씀을 듣기 위해 그를 집에 모셨다. 언니인 마르다는 자신의 집을 찾아온 분을 위해 부엌으로 가서 온갖 음식을 장만하며 분주하게 일했지만, 동생인 마리아는 예수의 발끝에 앉아 오로지 말씀에만 귀를 기울였다. 마르다 입장에서는 아무 도움도 주지 않는 동생이 미웠을 수도 있다. 제3자의 입장에서 볼 때도 마리아가 좀 얌체 같이 느껴진다. 하지만 예수는 두 자매의 사랑 표현을 모두 인정했다.

이 이야기를 들으면서 다시 한 번 무릎을 쳤다. '아! 그래. 마리아처럼 저렇게 푹 빠져서 사랑하는 방법도 있구나. 다른 것은 아무것도 보이지 않을 정도로 푹 빠진 사랑, 자기가 좋아하는 사람의 이야기에만 몰입하는 상태, 그 사랑이야말로 정말 자유로운 사랑이구나.' 하는 통찰에 이르렀다. 그동안 나는 마르다와 같이 힘든 사랑만 진정한 사랑이라고 믿고 얼마나 오랫동안 애쓰며 살아왔던가. 사랑에 대한 새로운 통찰을 얻은 나는 다시 다짐했다. 누군가에게 뜨거운 존재가 되기 위해 사람을 진심으로 사랑하기로. 마찬가지로 코칭을 일로 여기거나 코칭을 통해 인정받으려는 욕구를 버리고, 코칭 자체를 삶의 가치를 실현하는 과정으로 보고 순간순간을 즐기자고 마음먹었다.

그 뒤의 삶은 질적으로 완전히 달라졌다. 미래에 이루어질 목적과 결과를 위해 오늘의 가치 있는 순간들과 과정을 무시하는 어리석은 짓을 그만두고, 단순히 순간순간, 하루하루를 즐겼다. 그러니 사업을 할 수 있는 현실 자체가 고맙게 느껴지면서 사람들과 만나는 것이 기대와 즐거움으로 변하기 시작했다. 그리고 앞에 있는 사람에게 100% 집중하여 경청하고, 질문하고, 피드백을 하는 진정한 코치가 되었다. 그가 누구든 상관없이 항상 내 앞에 있는 사람을 온전히 존중하고 사랑하게 되었다. 또 그렇게 하니 갑자기 나타나는 도전과 문제에도 흔들림 없이 평정심을 유지할 수 있었다. 자연히 몸도 건강해졌다.

그러던 어느 날 국내 굴지의 기업에서 코칭 프로그램을 도입하고 싶다는 제안이 왔다. 세계 일류 기업에서 코칭을 도입하려고 한다니 무척 기뻤다. 이것은 스포츠 경기로 치면 올림픽 본선 경기를 치르게 된 것과 같다. 그동안 다져온 실력을 마음껏 발휘하여 코칭다운 코칭을 해볼 수 있게 되었다는 생각에 설레였다. 자유롭고 편한 마음으로 임한 결과 우리 회사가 수주를 따게 되어 그 기업의 임원 및 사장단 수십 명과 중간관리자 수백 명을 코칭하기로 계약하였다. 그렇게 해서 세계에서 큰 영향력을 미치며 한국 경제의 성장을 견인하고 있는 리더들과 만나는 날, 나는 이렇게 말했다.

"여러분, 코칭은 여러분 스스로가 문제점과 해결점을 찾아 스스로 솔루션을 만들어가는 것입니다. 제가 여러분의 문제를 다 해결할 수도 없고 획기적인 변화를 줄 수도 없지만 여러분이 스스로 그 일을 해내어 챔피언이 되도록 곁에서 파트너로 돕겠습니다."

이러한 선포와 함께 코칭이 시작되고 횟수가 이어지면서 나는 그들 앞에서 진심으로 나의 심정을 이야기했다.

"저는 여러분이 이 직장에서 자신의 존재가치를 최대한 실현하도록 돕고 싶습니다. 여러분이 그동안 쌓아온 지식과 경험을 통합하여 통찰력을 발휘한다면 나라도 바꿀 수 있을 것입니다. 저는 여러분을 대할 때마다 나라를 구하는 마음으로 섭니다! 제가 여러분이 최고의 결과를 만들도록 곁에서 돕겠습니다."

나와 코치들은 그 기업 리더들의 코칭에 모든 것을 쏟아 부었다. 코칭이 시작되고 몇 주가 지나면서 눈에 띄는 변화는 나타나기 시작했다. 중간관리자들과 리더들의 변화들은 그동안 본 적 없는 극적인 것이어서 참여한 코치들의 마음도 뜨거운 열정으로 가득 차게 되었다. 변화된 마음가짐과 태도가 더 좋은 결과를 만들어내고, 목표한 성과도 탁월하게 이루게 해주었다.

지난 몇 년간 우리 회사는 질적으로나 수익 면에서 눈에 띄는 성장을 했다. 그러한 변화를 이끈 원동력이 무엇이었을까 생각해보니 깊은 통찰 덕분이었던 것 같다. 도무지 빠져나올 수 없을 것 같은 위기 속에서, 죽을 것 같은 두려움과 고통 속에서, 결국 나 자신의 생각과 방법을 모두 비우는 것 외에는 할 일이 아무것도 없다고 생각한 바로 그 순간 섬광처럼 찾아온 명료한 통찰, 그 통찰력이 삶을 완전히 바꾸었다. 그리고 다시는 예전으로 돌아가지 않았다. 통찰을 얻는 순간은 너무도 강렬해서 그 순간부터 생각과 태도가 바뀌고, 일상의 언행까지도 한순간에 바뀐다. 그리고 그 결과는 바로 일과 삶의 질적 성장, 개인적인 행복감으로 나타난다.

더 좋은 훈련을 받고, 더 많이 공부하고, 더 다양한 경험을 쌓아서 더 훌륭한 결과를 만들어 보려고 노력하지만 그것은 생각만큼 쉽지 않다. 책장에는 반도 읽기 전에 식상해서 집어던진 책으로 가득 차 있고, '또 속았다'는 허탈감만 남았던 이런 저런 훈련의 기억들도 있을 것이다. '어디에서 답을 찾을 수 있을까? 어떻게 해야 더 지혜롭게, 더 성공적으로, 더 행복하게 살 수 있을까?' 이러한 질문들이 시도 때도 없이 우리를 고민하게 만든다.

그런데 통찰이 생기는 순간, 그 모든 문제들의 답을 찾게 된다. 그래서 경험이 풍부한 리더들, 지식인들일수록 더 통찰을 갈구하는지도 모르겠다. 많은 이들이 느껴보고 싶어하는 그 통찰, 어떻게 그것에 도달할 수 있을까? 통찰이란 키워드로 검색되는 책이 수십 종이고 하다못해 어린아이를 기르는 일에도 통찰이 필요하다고 한다. 그만큼 광범위한 의미로 사용되고 있지만 막상 통찰이 무엇인지에 대해서 설명해 보라고 하면 한마디로 표현하기 어렵다. 그래서 나로 하여금 '나라를 살리는 심정으로 코칭에 임하도록 열정을 불러일으킨 그 통찰', '일과 삶을 순풍에 돛단배처럼 편하고 기분 좋게 만든 통찰'에 이르는 길을 지금 독자들과 함께 찾아보려고 한다.

아시아코치센터 대표 우수명

insight
洞察力

NEED TO

통찰력을
구하는 시대

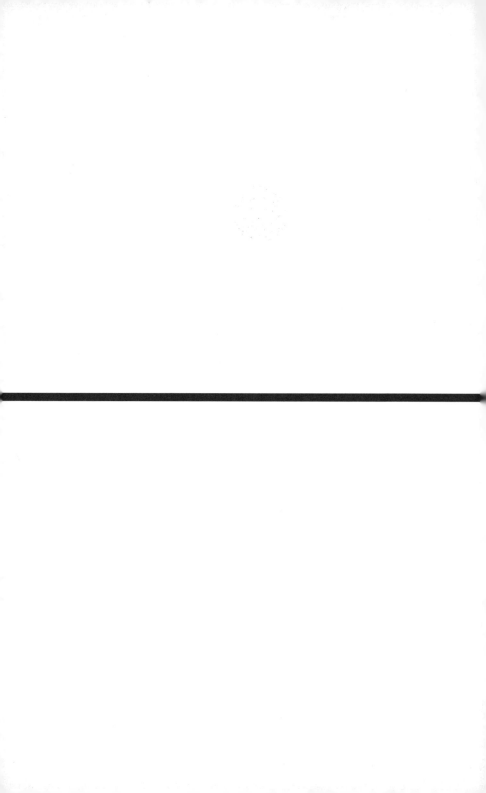

1장
왜 통찰력인가?

1장
왜 통찰력인가?

나는 왜 몰랐을까

당신은 경찰이다. 어느 날, 동료 경찰과 함께 거리를 순찰하고 있었다. 근방에 대기 중인 경찰들은 임무를 수행하느라 바쁜 상태, 다행히 당신과 동료가 있는 강남 한복판에서는 사건이 발생하지 않아 한산한 시간을 보내고 있는데, 무전기에서는 쉴 새 없이 도난 차량을 수배한다는 말이 흘러나온다.

때마침 왕복 8차선 도로의 횡단보도 신호등이 초록색으로 바뀌었다. 신호등 앞에서 대기하고 있는데, 옆 차선에 고급 세단 한 대가 멈춰 섰다. 비싸 보이는 차를 힐끗 옆으로 쳐다보니 차 주인으로 보이는 젊은 남자가 모자를 쓰고 운전석에 앉아 담배를 피우고 있었다. 그런데 좀 이상

했다. 누가 봐도 뽑은 지 얼마 안 된 고급 승용차인데 차 시트 위에 담뱃재를 그대로 터는 것이다. 순간 마음이 상한 당신이 말한다.

"쯧쯧… 차 안에서 담배를 피는 것도 모자라 담뱃재까지 아무데나 털어놓냐? 그래, 돈 좀 있다 이거지?"

이때 사람들은 대부분 비슷한 반응을 보일 것이다. 비싼 차가 주인을 잘못 만났다는 둥, 차 시트에 비닐이 씌워져 있어서 담뱃재를 털어도 상관없다는 둥, 엄청난 부자라서 비슷한 차가 몇 대 더 있는 것 아니냐는 둥, 시큰둥한 반응 말이다.

그런데 당신 옆에 앉은 동료는 달랐다. 그 짧은 신호대기 시간에 동료의 촉이 비상하게 발동했다. "가만, 가만! 좀 이상하지 않아? 저 사람?"

"뭐가?"

"생각해봐. 보통 아무리 개념이 없는 사람이라도 새로 뽑은 차에 담뱃재를 털진 않지. 자기 차가 아니니까 저렇게 막 다룰 확률이 높아. 그렇다면 빌린 차? 그것도 아냐. 저 사람 생김새를 봐. 모자를 푹 눌러쓰고 얼굴을 안 보이려고 하잖아. 그렇다면 훔친 차? 저 차 차량 조회 한번 해봐야겠어."

동료의 말을 듣고 보니 과연 이상한 구석이 있다. 차량 조회를 해보니 과연 그 차량은 한 기업인의 차량이었고, 방금 도난 차량 접수가 된 상태였다. 이에 당신과 동료는 도난 차량을 찾고, 범죄자를 체포할 수 있었다.

일사천리로 사건 하나를 뚝딱 해결한 뒤 기분 좋게 동료에게 묻는다.

"이봐, 그 차가 도난차량이란 걸 어떻게 알았어?"

"보통 사람이라면 자기 차에 담뱃재를 털지 않잖아. 그걸 관찰했던 것뿐이야."

별일 아니라는 듯 말하는 동료의 반응에 괜히 주눅이 든다. 왜 저 사람은 느꼈던 것을 나는 깨닫지 못했을까…

이 이야기는 『통찰, 평범에서 비범으로』에 나오는 경찰관 사례를 재구성한 것으로, 등장하는 두 사람의 차이는 통찰력이다. 동료는 당신보다 통찰력이 뛰어났다. 통찰력(Insight)은 남보다 뛰어난 능력이지만 남을 뛰어넘는 저 너머의 능력은 아니다. 알다시피 당신과 동료는 같은 상황에 놓여 있었고 함께 모든 것을 경험했다. 다만 누군가는 느낀 것을 누군가는 알아차리지 못했을 뿐이다.

통찰이 가져온 결과의 차이

통찰력이 발휘될 때와 그렇지 못할 때의 결과에는 커다란 차이가 있다. 만약 동료가 통찰력을 발휘하지 못했다고 치자. 그들은 다른 날처럼 순찰을 돌고 경찰서에 돌아와서 고급 승용차 도난 신고를 접수받았을 것이다. 사건이 접수되면 도난 차량과 관계된 인적사항을 파악해야 하고, 차량이 있던 곳의 주변을 탐색해야 하며 CCTV를 확인하면서 목격자와 용의자를 좁혀나가야 한다.

그런데 수사 담당자가 이런 일을 하는 동안 차량 절도범은 가만히 있겠는가? 번호판을 바꾸고, 장물아비에게 가서 차량을 맡길 것이다. 또한 자신의 행적을 싹 지워버릴 지도 모른다. 이렇게 되면 단서를 찾아내기가 어려워지고 수사는 점점 힘들어진다. 물론 가정이지만 어쨌든 시간이 갈수록 상황은 복잡해지고 더 많은 인력이 필요하게 될 것이다. 그러니 동료의 통찰로 인해 한순간에 문제가 해결된 것은 거의 축복이다.

지금처럼 초고속 엘리베이터가 있기 전, 초창기 엘리베이터는 무척 느렸다. 사람들의 불만을 없애기 위해 노력했지만 기술력이 역부족이었다. 그런데 한 사람이 이 문제에 대해 다르게 접근했다. '엘리베이터 안에서 사람들이 속도에 집착하는 것은 그 공간 안에 주의를 끌 것이 없기 때문이다. 시선을 끌 뭔가를 제공하면 속도는 문제되지 않을 것이다.'

그 사람이 고안해 낸 것은 바로 '거울'이었다. 엘리베이터 안에 거울을 붙인 뒤 어떤 변화가 있었을까? 속도 때문에 불만이던 사람들의 불평이 사라졌다. 거울에 비친 자신의 모습을 정돈하느라 시간 가는 줄 몰랐던 것이다. 이 아이디어 개발자는 문제 자체에 집착하기보다 사람들의 관심사와 필요에 초점을 맞추어 문제를 해결했다. 생각의 각도를 바꾸니 문제에만 집중했을 때에는 보이지 않던 것이 보였던 것이다.

이렇듯 우리 주변을 돌아보면 '저 사람은 아는데 나는 왜 몰랐을까?'라고 생각하게 되는 경우가 많다. 남들과 다른 것을 발견해내는 사람은 통찰력을 가지고 같은 상황을 다른 관점에서 바라본다.

우리 조직은 왜 삐걱거릴까?

기업은 소리 없는 총성이 오가는 전쟁터와 같다. 순간순간 상황에 대처하여 살아남아야 하는 곳이기에 자신이 살기 위해 남을 밟기도 하고, 자신의 감정 따윈 꾹꾹 숨겨버리기도 한다. 상처와 혼란은 내면 깊숙이 감추고 빛나는 업적을 화려하게 내보이며 경쟁력을 과시해야한다. 이것이 비즈니스가 제대로 이루어지는 기업의 모습이다. 그런데 그렇게 앞만 보고 달려온 기업들의 현재 모습은 어떤가. 양적으로는 성장했을지 모르나 내부에는 수많은 문제를 안고 있다.

'무조건 앞으로 전진'
'혁신, 혁신, 혁신'
'성장, 성장, 성장'

이런 목표를 향해 쉴새없이 내달리다 보니 함께 일하는 동료를 돌아볼 틈이 없었다. 기업을 상대로 코칭 프로그램을 진행하다 보면 이러한 현실을 체감할 수 있다.

실제 국내 한 기업의 경영진을 코칭했을 때였다. 팀구성원들의 협력과 동기를 끌어내기 위해서 먼저 그들의 입장을 이해하고 감정과 필요를 공감하며 소통하는 것이 중요하다는 내용을 나누고 있는데 여기저기서 볼멘 소리가 나왔다.

"아니, 하루하루 밀려오는 일들로 정신이 없는데 팀원들 개개인의 감정과 필요까지 생각하라는 거예요?"

"네. 워낙 비즈니스 현장이 바쁘긴 하지요? 그래도 몸에 피가 잘 돌아야 힘이 나듯이, 회사의 목적을 이루기 위해서는 공감과 소통이 잘 되어야 하지요."

"그럴 새가 없습니다. 당장 결과가 나오지 않으면 제 목이 잘리게 생겼는데…"

사실 이런 반응은 이상한 것이 아니다. 보통 우리나라 리더 70%이상에게서 나타나는 흔한 반응이다. 리더가 지혜롭고 올바른 답을 내려주면, 팀원들이 그것을 오차 없이 신속하게 이행하는 것이 모범적인 조직이라고 생각하는 것이다. 거기에는 아직 미숙한 부하가 '왜 해야 하는지' '다른 방법은 안 되는지'등의 이의를 다는 것은 시간과 에너지 낭비라는 인식이 깔려있다. 또한 부하들은 업적의 평가나 승진의 기회가 상사에게 달려 있으니 그들의 명령대로 하는 것이 안전한 길이라는 인식이 깔려있다. 이 생각은 지금까지 리더에서 부하로 이어져 내려왔다.

사회는 점점 더 사람과의 소통을 중요시하고 있는데, 아이러니하게도 조직 안 사람들은 옛날 사고방식 그대로 일하고 있다. 사회 시스템과 일감, 도구들은 바뀌었는데, 사람이 바뀌지 않으니 조직의 여기저기서 삐걱거리는 소리가 들린다. 우선 기성세대와 전혀 다른 문화와 가치 속에서 자유롭게 자라고 공부해온 젊은 직원들과의 소통이 단절되다 보니, 업무 효율성도 떨어지고 조직의 단결도 어려워졌다. 게다가 리더들의 일하는 방식, 분위기, 대처 방식이 바뀌지 않으니 새로운 성장 동력을 찾는 것도 어렵다. 이러한 상황이 지속되면서 점차 기업들의 성장이 정체되거나 쇠퇴해가고 있다.

최근 들어 코칭을 의뢰하는 기업들을 보면 기업체의 성장 단계나 규모와 상관없이 기존 방식대로 성과와 결과에만 치중하다가 어려움에 빠진 경우가 많다. 밀어붙이기 식으로 경영을 해오던 예전의 기업 환경과 지금의 환경은 완전히 다르다. 대량생산 체제 하에서 '무조건 밀어 부쳐' 하고 명령하면 물건이 나오고 날개돋인 듯이 팔려나가던 시대는 끝이 난지 오래다. 이제는 소비자의 욕구와 선호가 다양해져서 소량 다품종의 물건이 대세가 되었고, 신제품이 나오는 주기도 점점 빨라져서 디자인이든 기능이든 자주 바꿔 줘야만 살아남을 수 있다. 그러다 보니 그것을 디자인하고 만드는 직원들의 감각도 섬세해야 한다. 새로운 것, 특별한 것을 원하는 소비자의 욕구를 신속하고 민감하게 알아내는 것에 기업의 생사가 달려있다. 그러니 변화와 새로운 것에 민감한 젊은 직원들이 중요해지고 사람들의 감정과 필요에 민감한 감성능력이 뛰어난 조직구성원이 필요해졌다. 리더들이 이러한 인재를 확보하고 유지하기 위해서는 당연히 스스로 그러한 인재를 이끌어 갈 수 있는 리더십으로 변화되어야 한다.

지금 이러한 변화 속에서 사회의 크고 작은 조직들이 삐걱거리고 있다. 나는 이 총체적인 원인을 한마디로 리더들의 '통·찰·력·부·재'라고 말하고 싶다. 리더들에게 과거의 경험과 현실의 상황을 철저하게 돌아보아 미래를 정확하게 예측하는 통찰력이 부재하기 때문에 조직이 새로운 시대의 문 앞에서 우왕좌왕하고 있는 것이다.

현대 조직의 리더들이 가장 필요로 하는 것

몇 년 전 박사 학위 논문을 준비하며 국내의 기업 최고 경영자부터 중간 리더까지 조직의 리더들을 대상으로 리더에게 가장 필요한 역량이 무엇인지에 대해 조사하였다. 2년 동안 300여 명의 리더들을 대상으로 조사한 결과 개인이 처한 상황이나 환경에 따라 차이는 있지만 공통적으로 통찰력을 필요한 역량의 상위 순위로 꼽았다.

순위	경영자 코칭역량	중간관리자 코칭 역량
1	통찰력	팀빌딩
2	협상	진단과 평가
3	동기유발	동기유발
4	자원발굴	통찰력
5	임파워먼트	갈등관리
6	영감	협상
7	팀빌딩	영감
8	진단과 평가	미션과 비전제시
9	실행	임파워먼트
10	질문	자기감정인식

경영자와 중간관리자의 코칭 역량 비교 | 출처 _ 우수명 논문

사회생활을 하는 이들 대부분 통찰력이 필요하다고 토로한다. 이는 지칠 대로 지친 상태에서 나온 절박한 외침이라 생각된다.

"정말 사회생활 하는 게 너무 힘들어요."

"지금 가장 필요한 게 무엇인 것 같으세요?"

"통찰력이 있었으면 좋겠어요."

"통찰력이요? 통찰력이 뭔가요?"

"음.. 뭐라고 콕 짚어 정의할 수 없지만 그거 있잖아요. 상황이나 미래를 꿰뚫어 보는 능력? 그런 능력이 정말 필요하다는 걸 느낍니다."

설명하긴 힘들지만 알 것도 같은 통찰력, 그 통찰력을 다들 원하고 있었다. 재밌는 사실은 통찰력이 필요하다고는 말하는데 각자가 생각하는 통찰력의 정의는 달랐다. 이 말은 곧 통찰력이란 단어가 가지고 있는 다양한 색깔과 에너지, 매력을 의미한다. 코칭 현장에서 만난 이들에게 '당신이 생각하는 통찰력은 무엇인가요?' 라는 질문을 던지면 다양한 답이 나왔다.

'미래를 예측하는 힘이다.'

'사람의 마음을 잘 알아차리는 능력이다'

'리더십의 본질이다.'

'순간적으로 아이디어를 떠올리는 힘이다.'

'사람들의 마음을 움직이는 힘이다'

'문제의 본질을 꿰뚫어 보는 능력이다.'

'해결책을 빨리 찾는 능력이다'

비슷한 것 같은데도 각자 느끼는 통찰력의 스펙트럼은 꽤 넓고 깊었다. 이러한 다양한 해석과 필요를 접하게 되면서 통찰력에 대한 연구를 시작하게 되었다. 그렇다고 조직을 이끄는 이들에게만 통찰력이 필요한 것은 아니다. 사람은 누구나 자기 인생을 책임지는 리더다. 따라서 모든 사람은 통찰력이 필요하고 이러한 역량이 발휘될 때 더 효과적으로 일하며 행복한 삶을 살게 된다.

지금까지 우리가 관계에서, 일에서, 하다못해 연애에서조차 삐걱거림을 경험했다면 그 경험들을 깊이 되돌아볼 필요가 있다. 그것은 지금까지 쌓아왔던 지식과 경험, 현재 상황을 면밀히 관찰하여 미래 일어날 일을 명확하게 예측하는 능력 개발의 시초가 된다. 한마디로 통찰력을 개발하기 위한 훈련의 시작이다.

결핍에서 시작되는 통찰

A는 프리랜서 기획자다. 프리랜서라는 것이 특정한 직장에 소속되지 않고 개별적인 일에 따라 움직이기 때문에 일장일단이 있다. 조건에 맞는 일만 취사선택할 수 있는 반면 지지기반이 무척 약하여 불안한 계약서 한 장에 의존해야 한다.

A는 각종 행사와 이벤트 등을 기획하는 사람이었는데, 의뢰가 들어온 일을 하기도 하지만 직접 제안서를 넣기도 한다. 또 일을 맡았을 때 필요한 인력을 모으고 팀을 짜서 일을 진행하기도 한다. 그런데 사무실 없이

개인적으로 일을 하다보니 불편한 점이 있었다. 회의할 사무실이 없는 데서 오는 불편함이었다.

'어디서 뵐까요? 어디서 회의할까요?'

이 말이 큰 스트레스였다. 그렇다고 고정적으로 비용이 들어가는 사무실을 얻는 건 비용 부담이 너무 컸다. 그때 생겨난 것이 모임 전문 공간이다. A와 같은 사람들, 즉 어떤 목적을 위해 비정기적인 만남을 필요로 하는 사람들을 위해 만들어진 공간인 것이다. 스터디 공간이 될 수도 있고, 회의 장소가 될 수도 있는 이러한 공간은 장소에 대한 결핍이 통찰력 있는 사람을 만나면서 탄생했다. A씨는 물론 이 공간에 대한 사람들의 수요는 생각보다 훨씬 많았다. 7–8명이 넘어가는 스터디 그룹은 물론이고 교회의 소모임, 조직 내 팀 모임 등 마땅한 모임 장소를 찾던 수많은 이들이 이 공간의 주요 고객이 되었다. 모임 전문 공간은 도심지를 시작으로 퍼져 나가는 중이다. 또 인테리어나 가격 정책, 근처 식당과의 제휴, 이벤트 등 다양한 모습으로 진화해가고 있다.

어떤 사람이 조직에서 퇴출당할 위험에 처했다. 조직원들이 리더를 거부했기 때문이다. 그 사람은 인정에 대한 결핍 때문에 상당히 힘들 것이다. 하지만 그 결핍을 통해 그동안 어떤 점이 부족했었는지 통찰할 수 있다면 전화위복이 될 수 있다. 조직원들이 리더에 대해 불신하게 된 이유를 살펴보고 그 결핍을 채우기 위해 한걸음 더 나아가는 것이다. 조직의 성과를 높여주는 것은 사람과의 관계에서 비롯된다. 압박보다는 자유를, 추궁보다는 격려를, 문서보다는 대화를 선택했을 때 조직은 120% 성장할 것이 분명하다.

통찰이 일어나는 순간은 이처럼 큰 벽에 부딪혀서 헤어날 길이 보이지 않는 순간일 수도 있고, 자신이 한없이 무력해 보이는 순간일 수도 있다. 공통점은 모두 뭔가 결핍된 상황이란 것이다.

결핍이란 무엇인가 있어야 할 것이 없거나 부족한 상태를 의미한다. 요즘 즉석 제품이 유행이지만 이미 수십 년 전 사람들에게 즉석 제품에 대한 열망이 있었다는 사실을 아는가. 순간을 영원히 기억하고 싶던 사람들의 욕망으로 카메라가 발명되었다. 그러나 카메라에 열광했던 시간이 지날수록 뭔가 결핍을 느꼈다.

에드윈 랜드 폴라로이드라는 광학자 역시 사진 찍는 것을 좋아했기에 아이들을 데리고 놀러갈 때마다 사진을 찍어주곤 했다. 어느 날 예쁜 딸아이를 데리고 공원에서 놀던 중 사진을 찍어 주는데 아이가 이렇게 말했다. "아빠 사진을 빨리 보고 싶어요."

"그래 하지만 애야, 사진은 현상하고 인화하는 데 시간이 걸린단다."

"기다리는 거 싫어요. 왜 사진은 바로 바로 볼 수 없는 거에요?"

아이의 말에 에드윈도 번쩍 드는 생각이 있었다.

'왜 사진은 인화할 때까지 기다려야 할까? 우리처럼 사진을 찍고 바로 보고 싶어하는 사람들이 분명히 있을텐데…'

이러한 결핍에 집중하던 에드윈은 즉석 카메라에 대한 아이디어를 떠올렸다. 결핍에서 찾아낸 통찰이다. 우리가 지금 사용하는 폴라로이드 카메라는 바로 이 광학자가 결핍에서 찾은 통찰의 결과다. 결핍에 대한 갈증이 클수록 통찰의 힘도 커진다. 누구나 결핍을 발견했을 때 그것을 채우기 위해 노력하기 때문이다. 이런 간절함이 때때로 매우 통찰력 있는 아이디어를 내놓게 만드는 것이다.

통찰력을 가진 소수

창조적 소수자라는 단어가 낯설게 느껴지는가? 창조적 소수자는 인류가 생겨날 때부터 지금까지 문명의 발전과 함께 항상 우리 곁에 있었다. 때론 당신이 그 주인공이었을 수도 있다.

창조적 소수자라는 말은 영국의 역사학자 아놀드 토인비가 처음 만든 단어다. 그는 문명의 탄생에 대해 설명하며 '창조적 소수자'에 대해 이야기했다. 문명의 발전과 변혁에 창조적 소수자의 역할이 얼마나 중요한지 그 근거를 밝히면서 『역사의 연구』라는 책을 통해 창조적 소수자를 이렇게 정의했다. '역사는 창조적인 소수자가 극한의 도전에 응전해 온 과정이다'

다시 말해 그가 말하는 창조적 소수자(Creative Minority)란 하나의 문명을 일으키고 쇠퇴하게 하는 도전의 기미를 간파하고 그 도전에 올바로 응할 수 있도록 사회 구성원을 일깨우고 격려하며 극복하는 사람들로 정의한다. 한 가지 예를 들어보자.

우리나라 역사의 한 획을 그은 창조적 소수자라면 이순신 장군을 꼽을 수 있다. 그는 바람 앞에 등불 같이 위태로운 국란 속에서 홀로 도전을 주장했다. 모두가 아니라고 할 때 홀로 왜군과의 해전을 강행한 것이다. 어떻게 그러한 도전이 가능했을까? 나라의 앞날을 염려하는 마음이 그의 의식을 가득 채웠기 때문에 그 간절함에서 해전(海戰)에 대한 아이디어가 나왔던 것이다. 그의 창조적 전략 덕분에 우리나라가 위기에서 빠져나올 수 있었다.

바로 이런 사람들이 창조적 소수자다. 역사가 발전하고 꽃을 피우는 과정 속에 그들이 있었다. 그들의 지혜와 통찰이 시대를 한걸음 앞서가게 만들었고 인류의 한계를 뛰어넘는 도전을 가능하게 했다. 오늘날에도 당연히 이들의 활약이 필요하다. 지금 우리가 살고 있는 시간 역시 역사다. 이 역사가 빛을 발하기 위해 창조적 소수자를 어디에서 찾을 수 있을까. 거창하게 인물 사전을 뒤질 필요도 없다. 조직에서, 주변에서 열정으로 스스로 불타오르는 사람이 바로 그 사람이다.

[1]열정의 측면에서 사람을 네 가지로 구분할 수 있다.

'당신은 스스로 불을 붙이고 스스로 타오르는가?'

'남이 불을 붙여주면 타오르는 스타일인가'

'남이 불을 붙여주어도 타오르지 못하는 사람인가'

'모처럼 붙은 불마저 꺼뜨리는 사람인가.'

---

1) 제92회 New Change, New Frame 〈인간존중의 생산성, Next Society에 대비한다〉 글 인용. 최동규 한국생산성본부 회장.
http://kiuri.org/index.php?mm_code=708&board_mode=view&board_no=180

기업에서 채용한 사람들을 열정의 측면에서 이 네가지 기준으로 나누어 보았다.

누가 봐도 가장 바람직한 유형인 스스로 불을 붙이고 타오르는 타입은 말 그대로 전형적인 리더의 모습이다. 조직 내에서 성공할 수 있는 극소수로, 보통 3%정도가 이런 유형에 속한다고 한다. 그리고 남이 불을 붙여주면 타오르는 타입이 대다수에 해당된다. 선생님의 지도를 받고 성장하는 학생들이나 상사에게 도움을 받고 일이 되게끔 하는 사람들이 이 타입에 해당되며 전체의 90%정도를 차지한다고 한다. 또한 누가 봐도 바람직하지 않은 세 번째와 네 번째 타입은 나머지 7%에 해당하며 퇴출 대상자 명단에 오를 가능성이 매우 높다. 오늘날 역사를 창조해 나가는 통찰력 있는 사람들, 스스로 불을 붙이고 타오르는 사람들, 이러한 사람들이 극히 소수라는 점이 아쉽다.

'아하'를 경험하라.

우리 주변에서 만나게 되는 창조적 소수자, 즉 통찰력을 소유한 사람들은 '아하'경험을 가지고 있다. '아하' 경험이란 살아가면서 나도 모르게 무릎을 치게 되는 순간을 일컫는다.

7년 전 우리 회사는 중국에 진출하여 사업을 전개해 나가고 있었는데, 아무래도 중국에 머무는 기간이 길어지다 보니 한국 사무실 직원들과의 소통에 어려움이 있었다. 기계나 제품을 다루는 일이 아니라 사람과 관련된 코칭 사업은 의사 결정의 시기를 놓치거나 정확한 상황 파악이 되지 않으면 많은 손실과 오차가 발생한다. 그래서 정확하고 빠른 소통이 필요했는데, 때마침 SNS 서비스가 엄청나게 확산되면서 소통의 공간이 활짝 열렸다. 우리 회사에서도 SNS로 수시로 필요할 때마다 소통하고, 특히 중요한 문서들은 SNS로 주고받으면서 많은 일들이 빠르게 처리되었다. 덕분에 삼분의 이를 해외에 머물면서도 한국 회사의 다양한 업무와 관리가 문제 없이 이루어졌다.

"아하, IT는 편리한 소통의 도구구나!"

정말 IT의 발전이 감사했다. 지금껏 소통을 잘 해온다고 했지만, 항상 열려 있는 온라인 공간에서의 쌍방향 소통은 정말 놀라웠다. 시시각각 새로운 상황이 발생하고 변수가 생겨도 신속·정확한 소통의 창구가 도움이 되었던 것이다. 지금 우리 회사의 업무 공유와 소통은 거의 SNS로 이루어지고 있다. 또한 최근 회사의 작은 사무실이 된 SNS를 코칭 훈련과정에 접목하여 과거보다도 훈련에 걸리는 시간은 적게, 비용은 저렴하게, 효과는 크게 하는 훈련 시스템을 정비했다. 즉 스마트 코칭 프로그램을 시작한 것이다.

무릎을 치게 되는 순간의 경험, 그 순간의 번뜩임이 바로 통찰력이다. 통찰력이 생기면 우리는 구태의연한 과거에서 벗어나 완전히 새로운 길을 가게 된다. 그리고 다시는 과거로 되돌아가지 않는다.

지금 사람들이 하루도, 한시도 빼놓지 않고 사용하는 스마트폰은 과거에는 그 모양과 기능이 달랐다. 어린시절 보았던 다이얼 전화기에서 오늘날 손안의 혁명이라 불리는 스마트폰에 이르기까지, 전화기는 어마어마한 진화와 혁신을 거듭해왔다. 그 진화의 과정에는 수많은 '아하'의 순간과 단계들이 있었다.

[2]인류의 소통과 정보의 전달능력을 어마어마하게 발전시킨 전화기는 1876년 벨이 발명했다. 그는 '어떻게 하면 멀리 떨어져 있는 사람에게 신속하게 연락할 수 있을까' 생각하다가 '아하, 선을 통해 소리를 전달할 수도 있구나.'라는 통찰에 이르렀다.

하지만 창조적 소수자는 새로운 발명품을 사용하는데 멈추지 않고 한 걸음 더 앞으로 나간다. 전화기의 발명 앞에 인류가 호들갑을 떨 때 마틴 쿠파라는 사람은 유선 전화기를 들여다보며 생각했다. 그리곤 무릎을 쳤다. '아하! 선을 없애면 전화기를 가지고 다닐 수 있겠구나.'

그 통찰로 무선 전화기가 발명되었고 우리는 손에 전화기를 들고 다닐 수 있었다. 이것이 끝인가? 아니다. 창조적 소수자는 우리 주변에서 늘 무릎을 칠 순간을 기다린다. 무선 전화기가 나온 뒤에도 몇 번의 '아하'를 외친 순간이 있었다.

일단 선이 없어져서 어디서나 통화를 할 수 있게 되었는데, 전화기가 너무 무겁고 커서 휴대하는 것이 여간 불편한 게 아니었다. 그 불편함을 해소하려고 '어떻게 하면 크기를 작게 만들 수 있을까' 고민하면서 부품

---

2) 〈통찰의 기술〉 신병철 - 참고

을 최소화하고 단순화하는 방법을 연구했다.

창조적 소수자는 그대로 멈추지 않았다. 작은 전화기로 먼 곳에 있는 사람과 어디서나 통화할 수 있으니 일 처리 능률이 몇 배로 빨라졌다. 다음 날 만나서 처리해야 할 일을 몇 시간 안에 처리할 수 있었고 중요한 소식을 바로 전할 수도 있게 되었다. 그러다 다시 정보 전달의 한계를 느끼기 시작했다.

'아… 소리로만 들려줄 수 없는 정보가 있는데… 보여줄 수 있다면 얼마나 좋을까.'

이러한 욕구가 다시 생겨났고 '아하'가 필요한 순간이 다시 찾아왔다.

이런 '아하'의 순간들이 거듭 모아지면서 오늘날 휴대전화 하나로 모든 것을 해결할 수 있는 세상에 살게 된 것이다. 작은 전화기 안에 녹음기, 컴퓨터, 사진기, 오디오 플레이어, TV, 은행단말기, 수많은 편집기 등 수많은 도구들이 IT화되어 내장되었다. 스마트폰으로 되는 일보다 안 되는 일을 찾는 게 더 어려울 정도다. 그 작은 기계 하나로 정보 전달은 물론 전 세계적인 교류와 엔터테인먼트와 취미 생활까지 실시간으로 가능하지 않은가. 기존의 것에 만족하고 안주하지 않고 끊임없이 도전한 창조적 소수자들이 있었기에 가능했던 일이다. 이러한 사람들이 조직과 사회를 성장시킨다. 나아가 그 힘은 사회를 풍요롭게 만드는 저력이 된다.

시대가 원하는 인재상

얼마 전 까지만 해도 입사 면접 질문 리스트라는 게 있었다. 지금도 있을지 모르겠다. 그런데 아직도 면접 족집게 강의를 받는 사람이 있다면 뜯어말리고 싶다. 이제 사회가 틀에 박힌 대답이나 스펙을 요구하는 시대가 아니기 때문이다.

지금은 전설로 사라진 기업이지만 한때 미국에서 훌륭한 경영 실적을 내던 베어스턴이란 기업이 있었다. 이 회사는 월가의 대형 투자 은행이었는데 창사 이래 75년간 단 한 번도 적자를 내지 않았다고 한다. 그들의 경영 비결은 무엇이었을까? 그들은 두말없이 인재에 있었다고 말한다. 베어스턴이 추구했던 인재상은 'PSD' 정신으로 무장한 인재였다.

PSD(Poor & Smart & Deep desire to Rich), 즉 가난하고 똑똑하면서 부자가 되고자 하는 욕망을 가진 사람이 기업이 원하는 인재상이었다. 이런 인재상은 경제발전 초기 단계의 어느 나라에서나 공통적으로 추구하는 것이다. 가난하면 그것을 극복하려는 투지가 남다르고, 투지뿐만 아니라 지적 능력과 성장에 대한 강한 욕구와 목표의식이 있는 인재, 이것은 우리 사회가 추구하던 인재상과도 크게 다르지 않다. 그러나 시대가 바뀌면서 기업이나 사회가 원하는 인재상도 많이 바뀌었다. [3]'Great place to

---

3) www.greatplacetowork.co.kr/out-service/korea100best

work' 라는 곳에서 제공한 정보를 바탕으로 기업의 인재상을 살펴보았다. 스펙 위주로 선발하던 방식은 옛날 애기가 되었을 정도로 기업은 이제 스펙을 뛰어넘는 무언가를 원하고 있다.

● 은행의 핵심가치

- 책임과 신뢰
- 고객지향
- 도전과 혁신
- 소통과 팀워크

● 그룹

- 정직 : 비효율과 부정을 용납하지 않고 반듯한 의사결정을 할 줄 아는 사람
- 창의 : 나부터 변하자는 마인드로 변화와 혁신을 주도하는 사람
- 열정 : 현재에 안주하지 않고 항상 도전하는 마인드

● 공기업 핵심가치

- 시련과 역경에 굴하지 않고 목표를 향해 끊임없이 도전하여 최고의 수준에 달성한다
- 변화와 혁신을 선도하여 차별화된 서비스를 구현한다.
- 동료간 적극적으로 소통하여 서로의 성장과 발전을 위해 끊임없이 노력한다.

● 대기업

- Challenge : 열정과 집념을 가지고 끊임없이 도전하는 사람
- Excute : 올바른 문제의식을 통해 가장 효과적인 방법을 찾아내고 목적
  을 달성하려는 사람
- Optimize : 주변에 감사하는 마음으로 구성원들과 소통 협력하는 사람

● 백화점

- 실패에 두려워하지 않고 성공을 위해 도전하는 패기와 투지를 가진 젊은이
- 진정한 실력으로 성공을 쟁취하기 위해 지식 능력을 단련하는 젊은이
- 협력하고 양보할 줄 아는 사회적 존재로서 자신의 역할을 이해하는 젊은이

● 기업

- 몰입 : 열정과 몰입으로 미래에 도전하는 인재
- 창조 : 아이디어를 현실화할 수 있는 능력을 보이는 인재
- 소통 : 협업능력을 가늠할 수 있는 잣대

100개 기업의 인재상을 다 소개할 수는 없지만 대표적인 기업의 인재
상을 통해 최근 기업들이 추구하는 방향을 유추할 수 있다. 신기한 것은
여기 소개된 기업 외에 다른 기업들도 요구하는 인재상이 비슷비슷하다
는 것이다. 여기 소개한 여섯 개의 인재상에는 몇 가지 공통분모가 있다.
그것은 '창의성, 도전 정신, 협업 능력, 문제해결 능력, 소통'을 중요시 여

긴다는 것이다.

또한 한국 최고를 넘어서 [4]세계 일류를 꿈꾸는 삼성은 '창의성'을 가진 인재를 집중적으로 선발하고 있다. 현대의 경우 글로벌 사회에서의 경쟁력, SK는 소통과 협업, 미래예측 능력 등의 능력을 중심으로 인재를 평가한다. 또한 LG의 경우 최근 사람의 역량을 위주로 인재를 뽑겠다고 표명했다.

각기 다른 표현을 쓰고 있지만, 그 모든 것을 아우를 수 있는 표현은 바로 '통찰력'이다. 한마디로 이제 사회는 '지금까지 무엇을 했고, 어떤 경험을 했으며, 어떤 배경에서 살아왔는지'를 나타내는 어제의 스펙, 어제의 학벌보다 '지금 무엇을 할 수 있는가, 당장 능력을 발휘할 준비가 되었는가, 앞으로 어떻게 행동할 것인가'와 같은 현재의 실력을 보기 원한다.

특히 2016년 세계 다보스 포럼에서 대두된, 4차산업혁명 시대에 필요한 인재상에 대한 이야기는 많은 시사점을 남긴다. 사물인터넷 시대로 대표되는 4차산업 시대, 서울에서 뉴욕까지 1시간 반, 서울에서 부산을 10분 안에 갈 수 있는 시대, 머리카락 굵기의 100만분의 1밖에 안 되는 신소재가 개발되고, 인간의 게놈지도를 1년 이내 1000달러로 완성해낼 수 있는 시대가 열리고 있다. 우리는 이런 시대에 대한 준비가 부

---

4) 취업뉴스 2016. 5.19일자 '삼성 현대차 SK LG 롯데 면접핵심 키워드는?' 기사 참고
   http://blog.naver.com/bosungabi/220714124173

족하다. [5]한국은 이러한 준비에 있어 세계 25위인데, 적어도 5위 안에 들어야 4차산업 시대를 선도할 수 있다고 한다. 이에 많은 학계 인사들은 기존의 반복·암기 위주의 교육 패러다임이 바뀌어야 한다고 주장한다. 4차산업 시대가 원하는 인재는 창의적이고 통찰력 있는 사고를 배양하는 교육을 받은 사람들이다. 4차산업 시대의 인재는 영역간의 벽을 넘나드는 융복합 교육을 통해 미래 솔루션을 볼 줄 하는 인재다. 이러한 인재는 갑자기 만들어지는 게 아니라 경험을 통해 내면에 축적된 힘, 의도적으로 갈고 닦아온 역량에서 나오는 통찰력을 통해 만들어진다.

시대의 목마름, 통찰력

'과연 인재는 어떤 역량을 갖춘 사람을 말할까?'

코치로 활동하면서 인재에 대한 고민은 늘 따라다녔다. 그러다가 경희대 경영대학원 논문을 준비하면서 오랫동안 고민하던 이 주제로 논문을 쓰기로 마음먹었다. 그때부터 코칭을 통해 만난 300여 명의 리더들을 대상으로 조사를 진행했다. 3년간 소위 리더라고 말하는 최고 경영자를 비롯한 임원과 중간관리자들까지 만나 '현업에서 가장 필요한 역량이 무엇인가'라는 조사를 실시한 결과 5개 역량군과 26개 하위 역량을 도출해낼

---

5) 이헌청 교육산책 〈4차 산업혁명시대의 교육〉 서울신문 2016. 12.12일자

수 있었다. 먼저 다섯 개의 역량군을 살펴보면 팀을 이끌고 가는 리더십, 사람과 업무를 조율하는 조직관리, 구체적인 성취를 위한 업무스킬, 인간관계에 필요한 인성, 지속가능한 인재가 되기 위한 자기관리이다.

　각 역량군을 세부적으로 들여다보면 리더들이 원하는 구체적인 역량들을 알 수 있다. 다음은 26개의 세부 역량을 정리한 표이다. 이 표를 들여다보면 창의적이며 다양한 분야의 융합을 이루는 인재가 각광받고 있다는 사실을 알 수 있다.

경영자 코치역량 5개 군

1. 리더십 역량군

- 역량 능력, 비전/목표 전략제시, 임파워먼트, 동기유발, 문제해결, 협상능력

2. 조직관리 역량군

- 자원발굴, 사업적 통찰력, 팀 빌딩, 갈등관리, 실행 역량, 진단과 평가

3. 스킬 역량군

- 질문, 관계형성, 목표 도출

4. 인성 역량군

- 유연성, 책임감, 배려, 정직, 솔선수범, 인내심

5. 자기관리 역량군

- 자기감정인식, 자기통제, 자기표현, 독립성, 현실 인식

필자는 이 조사 결과를 토대로 논문을 발표하고, 그 자료들을 경영자 코칭에도 유용하게 활용하고 있다. 즉, 현업에서 크고 작은 조직 내 리더들이 가장 필요로 하는 역량과 기업의 경쟁력을 올리는 리더의 특성 등을 연구하여 기업 리더들이 이 시대가 요구하는 리더십 역량을 갖추도록 돕고 있다.

본 연구 결과를 통해 발견한 것은 리더들이 공통적으로 필요로 하는 역량 중 최상위 리더가 원하는 역량과 조직의 중간 리더들이 원하는 역량에서 모두 '통찰력'이란 항목이 상위권에 있다는 사실이다. 실제로 이 부분은 기업 현장에서 리더들의 입을 통해 늘 들어왔던 것이기에 그 절실함이 더욱 마음에 와닿았다.

"정말 열심히 경영해왔습니다. 그런데 사업의 성장 그래프가 하락하고 있습니다. 이것을 반등시킬 계기가 필요한데 명확한 답을 찾을 수가 없어요. 이 상황을 어떻게 해야 할지 방향을 잡을 수 있는 통찰력을 갖고 싶습니다."

"리더의 위치에 오를수록 내일을 생각해야 하는데, 워낙 경쟁도 심하고 사장이 자주 바뀌다 보니 딱히 묘안이 떠오르지 않습니다. 이 일을 계속해야 할지도 모르겠고요. 현재의 문제를 어떻게 해결해야 10년 뒤, 20년 뒤에도 지속가능한 발전을 할 수 있을지 알고 싶습니다."

그들은 이렇게 고민을 토로하면서 통찰력을 구하고 있었다. 논문을 준비하면서 리더의 대답을 두 부류로 나누어 보았다. 최고 경영자와 임원들이 생각하는 필수 역량과 중간관리자들이 생각하는 필수 역량에 어떤 차이가 있는지 살펴보려는 의도였다. 예상대로 그들이 중요하다고 생각하는 역량에는 차이가 있었다. 최고 경영자 위치에 있는 리더들이 뽑은 최고의 역량은 '통찰력'이었다. 반면 중간관리자들이 최고로 중요하게 생각하는 역량은 "팀 빌딩(Building)'이었고, 통찰력은 4위였다.

하지만 실제 회사의 팀장이나 대리급 직원을 만나 '사회생활 또는 일상생활에서 제일 필요한 역량은 무엇이라고 생각하세요?'라고 물어보면 열에 여덟은 '통찰력'이라고 대답한다. 수년 전까지만 해도 투지, 인성, 전문성, 카리스마 등의 대답을 했던 것과 비교하면 많이 달라진 것이다. 어쨌든 필자의 박사 논문을 위한 연구 결과로 볼 때 지금 세상이 통찰력 있는 인재를 요구하고 있다는 사실은 분명하다.

코칭 리더십으로 살아나는 조직

기업들이 하루아침에 흥망성쇠의 기로에서 운명을 달리하고 있다. 한국에서 100년 이상 된 기업은 단 두 곳에 불과하다. 이웃나라 일본에 100년 이상된 기업이 5만여 개가 되는 것에 비하면 정말 조족지혈이다. 짧은 산업화 기간 동안 많은 기업이 나타났다 사라졌다. 조직이 사라지는 데는 여러 가지 이유가 있겠지만 리더십의 문제가 큰 원인이 된다. 16년간 기업 코칭을 하면서 절실하게 느꼈던 것은 리더가 변하지 않으면 살아남기 힘들다는 사실이다.

이제 세상은 마음이고 몸이고 부드럽지 않으면 살아남을 수 없는 시대다. 사회는 하루가 다르게 발전하는데 기업의 문화나 의식은 그에 따라가지 못하고 있는 실정이다. 개인의 다양성과 능력을 존중하지 않고 일방적인 지시로 일하는 조직에는 탁월한 인재들이 머무르지 않는다. 원활한 소통을 통해 새 에너지가 공급되지 않는 조직은 인공호흡기만 단 채 목숨만 연명하는 시한부 환자와 같다. 지금은 시대의 변화에 유연하게 대처하고, 다양한 사람들과 여러 채널로 소통하는 조직만이 지속 성장을 이루어나갈 수 있다.

얼마 전 한 기업에서 경영자 코칭 프로그램을 진행했다. 우리 코치팀은 이 기업의 리더들이 끊임없이 밀려오는 큰 파도를 능숙하게 타는 서퍼처럼 시대의 변화에 유연하게 대응하는 리더가 되도록 돕는다는 사명 의식을 가지고 코칭에 임했다.

코칭을 시작할 때 리더들의 반응은 싸늘했다. "이거 한다고 뭐가 달라지나요? 우린 빨리 성과를 내야 하는데요. 언제 조직원들과 일일이 대화를 나누고 의논을 하나요?"

'땅' 소리와 함께 오로지 목표 달성만을 향해 달려가는 조직원들의 모습이 눈에 선하게 떠올랐다. 그들과 10주간 코칭 프로그램을 진행하면서 마치 에베레스트산을 등반하는 것 같은 고비들을 넘겼다. 변화에 대한 동기를 심어 주는 데만 훈련의 절반 이상이 흘러갔다.

2주에 한 번씩 그룹으로 만나는 그룹코칭의 절반이 지나고 있을 즈음 중간관리자들이 조금씩 변화되는 모습을 보이기 시작했다. 눈코 뜰 새 없이 바쁜데 어떻게 상대의 말을 경청하고 질문을 통해 스스로 행동할 때까지 기다리냐던 이들이 팀원들에게 지시 대신 질문을 하며 그들의 말을 경청하기 시작했다. 지시나 질책을 할 수밖에 없을 때에도 질문을 하는 방법, 상대방의 강점이나 열정을 끌어내는 방법, 상대의 진의를 파악하는 관찰과 경청 기법 등을 함께 배우고 실습하면서 자기 자신과 서로에 대해 새롭고 다양한 면을 발견했다.

'아하, 저 사람에게 저런 면이 있었구나.'

'내가 나도 모르게 이런 반응을 보였었구나.'

코칭식 소통을 하기 시작하면 전보다 대화 시간은 더 걸리지만 진솔하고 깊은 대화 속에서 서로에게 감동과 기쁨을 느끼게 된다. 이렇게 함께 일하는 사람들이 인간적인 존중과 신뢰감을 갖게 되면 아무리 어려운 일도 일사천리로 진행된다. 조금씩 그러한 변화를 경험하더니 후반기에 들어서는 갑작스런 변화들이 단번에 일어났다. 몇 명의 적극적인 리더들로부터 구성원과의 관계 변화 사례가 나오니 반신반의하며 그저 그런 훈련 중 하나라고 생각하고 겉돌던 사람들까지 용기를 내어 변화를 일으키기 시작했다. 그렇게 그들은 고집스럽게 믿고 의지하던 옛 리더십을 놓기 시작했다. 자신의 리더가 그랬고, 자신이 그랬고, 또 다음 세대를 책임질 리더조차 수직적인 리더십을 그대로 이어받았었는데, 그들에게 변화가 일어난 것이다.

수평적 연대의식

우리나라 영화 제작 수준이 굉장히 높다. 인구 5천만 시대에 천만 관객이 동원되는 영화가 꾸준히 만들어지고, 내용과 촬영기법, 연기 등이 세계적인 수준이라는 평가를 받고 있다. 그 중심에는 영화감독이 있다.

『천만 관객의 힘』이란 책에서 한국 영화가 가진 힘에 대해 쓴 최광일 작가는 이러한 현상에 대해 감독의 통찰력을 언급했다. 감독의 스타일은 다 다르다. 어떤 이는 현장에서 무조건 긍정적인 멘트만 하는 것으로 유명하고, 어떤 이는 막내 스태프 이름까지 꼼꼼하게 외워 가족적인 분위기에서 즐겁게 영화를 만들어간다고 한다. 또 어떤 감독은 현장 스태프들의 일하는 방식에 섬세하게 보조를 맞춰간다고 한다.

이렇게 천만 관객을 동원한 영화감독들은 조금씩 스타일은 다르지만 모두 인간친화적인 부드러운 면을 가지고 있다. 성공한 감독들의 공통적인 특징은 모든 사람에게 도움을 받아야 된다는 의식을 갖고 협력을 이끌어낸다는 것, 스태프와 수평적인 연대의식과 가족의식을 가진다는 것, 시대의 열망과 결핍을 찾아내어 표현한다는 것 등이다.

2012년 대선을 앞둔 상황에서 서민적인 리더십을 원했던 대중은 〈광해〉라는 영화를 선택했다. 또한 여러 가지 정치권의 비리와 각종 사회적 문제에 암울해 했던 사람들은 〈내부자들〉을 통해 대리만족을 누렸다. 현시대 사람들의 마음을 꿰뚫어 보고 그들의 욕구와 불안을 영화를 통해 대신 해소시켜 주는 감독의 통찰력이 천만관객의 마음을 사로잡은 것이다.

탁월한 감독은 수평적 연대의식을 갖고 협업을 통해 결과물을 만들어 낸다. 수평적 연대의식이란 사람들과 같은 눈높이로 공평하게 생각을 공유하고 인정하는 의식이다. 이러한 리더의 의식이 공동체 안의 한 사람 한 사람에게 정착될 때 수평적 연대의식이 힘을 발휘한다.

최광일 작가는 영화 제작 과정은 바로 사회의 축소판이고. 기획과 제작, 유통 과정은 일반 기업이 제품을 만들어 파는 과정과 유사하다고 했다. 단, 영화산업은 훨씬 더 첨예하고 민감하기 때문에 일반적인 조직에서 배우고 적용할 점이 많다고 했다.

그는 특히 현장에서의 모든 사항을 진두지휘하는 감독의 자리를 통해 우리 사회 리더의 역할을 되짚었다. 영화 한 편은 감독 혼자 만들어가는 작업이 아니다. 천만관객의 마음을 사로잡은 성공한 감독들의 공통점은 권위를 내세우기보다 팀구성원들의 눈높이에 맞추어 수평적 연대의식을 만들어낸다는 것이다. 과거 제왕으로 군림하며 전성기를 누렸던 유명한 감독들이 2000년대에 들어와서 도태된 이유도 바로 수평적 연대의식을 갖지 못했기 때문이라고 했다.

천만관객의 힘은 영화 자체에 있는 게 아니다. 따지고보면 '잘 다듬어진 창의적 열정이 협업 과정을 거쳐, 결핍을 읽어내고 공감을 확보' 해낸 통찰력의 과정이다.

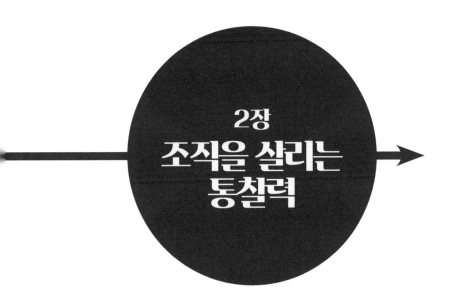

2장
조직을 살리는
통찰력

2장
조직을 살리는 통찰력

예측의 힘

캐나다의 전설적인 아이스하키 선수 웨인 그레츠키의 이야기다. 캐나다인들이 아이스하키에 열광하게 된 이유가 그에게서 비롯됐을 정도로 그는 아이스링크를 날았던 스타다. 그가 남긴 신기록 60개는 아직도 깨지지 않고 있으며 그의 등번호 99번은 영구결번으로 지정될 정도다. 실력이 얼마나 뛰어났는지 다들 그의 성공 비결을 궁금해 했다.

한번은 [6]어떤 기자가 다가와 물었다.

"당신의 위대한 성공 비결은 무엇입니까?"

---

6) 〈변화 애피타이저, 창조적 변화가 희망을 만든다〉 국재호저, FKI미디어 참고

이때 웨인 그레츠키가 유명한 말을 남겼다.

"저는 현재 퍽이 있는 곳이 아니라, 퍽이 진행할 방향을 미리 예측하여 먼저 그곳으로 달려갑니다"(I skate to where to the puck is going to be, not where I has been).

과연 통찰력에 대한 명쾌한 대답이란 생각이 든다.

조직 내 리더들을 대상으로 조직생활에서 필요한 역량을 물었더니 표현 방식과 순위에는 차이가 있었으나 대부분 통찰력을 꼽았다. 또한 시간이 흐를수록 더욱 구체적으로 통찰력을 입에 올리며 목말라 하고 있었다.

통찰력의 사전적 의미는 '예리한 관찰로 사물을 꿰뚫어 봄'이다. 이 정의에서 우리는 많은 것을 유추해낼 수 있다. 통찰력을 필요로 하는 이들과 이야기를 하다보면 그들이 원하는 것이 무척 다양하다는 것을 알 수 있다. 말하자면 통찰력이란 말 속에 다양한 욕구가 담겨 있었다. 웨인 그레츠키는 퍽을 열심히 쫓아다니는 것이 아니라 미리 방향을 예측하고 그곳으로 달려가야 한다는 사실을 알았다. 그것이 남보다 앞서 나갈 수 있는 힘이라는 것을 깨닫고 그러한 능력을 기르는 연습을 했던 것이다.

웨인 그레츠키의 말은 많은 이들이 인용할 정도로 유명하다. 왜 그렇게 많은 이들이 그의 말에 공감했을까? 물론 그의 실력이 뛰어났기 때문이기도 하지만 그 속에는 그가 수년간 선수생활을 하면서 통찰한 결과물이 녹아 있기 때문이다.

한번 생각해 보자. 그가 퍽을 쫓는 것은 자연스러운 일이다. 운동선수가 특히 구기종목 선수가 공을 쫓는 것이 당연하지 않은가. 하지만 이런 방법으로는 현상유지만 할 수 있다. 보통의 선수들이 여기에 해당한다. 그런데 웨인 그레츠키는 이보다 한걸음 앞서 나갔다. 그는 경기를 해나가면서 이길 수 있는 경기에 대해 생각했다.

'어떻게 하면 남보다 더 잘 할 수 있을까? 남보다 먼저 공을 잡으면 확률이 높아질 텐데…'

그는 퍽이 갈 위치를 선점하는 것이 매우 유리함을 통찰한 것이다. 퍽이 있는 곳에서는 혈전을 피할 수 없다. 치열하게 몸싸움을 하다보면 치명적인 부상을 입게 되기도 한다. 하지만 퍽이 움직일 방향으로 미리 움직인다면 그런 상황을 피할 수 있다.

'그래, 퍽을 선점하려면 퍽이 움직이는 방향을 예측해야 한다.'

그는 그때부터 수없이 퍽의 움직임과 선수들의 동선을 파악하여 분석한 결과 어느 정도 퍽의 방향을 예상할 수 있게 되었다. 그와 함께 그의 실력은 빛을 발했다. 차갑고 미끄러운 얼음판 위에서 퍽은 더욱 자유자재로 움직인다. 그에 따라 선수들의 몸싸움도 거칠어진다. 하지만 그는 퍽이 흘러갈 방향을 예측하고 그쪽으로 살짝 몸을 피한다. 모두 적중할 수는 없지만 어느 정도 예상이 적중하자 웨인 그레츠키는 전설이 되었다.

통찰은 여러 결과를 가져오지만 남보다 먼저 예측해서 발전적인 결과를 내는 것, 충돌을 피하고 지혜롭게 나만의 길을 개척하는 것은 빛나는 순간을 만들어낸다. 웨인 그레츠키의 예측은 외부로부터 주어진 것이 아니었다. 그는 노력과 집중, 몰입으로 예측의 힘을 발휘한 것이다.

미래학자들은 예지능력으로 미래를 예측하는 게 아니다. 한시가 다르게 변하는 세상 속에서 변하지 않는 진리를 근거로 몰입과 관찰을 통한 통찰로 예측하는 것이다.

전 세계적으로 130여 국가에 9만 명의 직원을 거느리고 있는 세계적인 제약회사인 '애보트랩스'(Abbot Laps)는 125년의 역사를 지닌 미국 기업이다. 이 회사는 제약, 의료장비, 건강식품 등에서 390억 달러(한화 42조 원, 2011년 기준)의 매출을 기록했고, 해마다 매출 기록을 경신하고 있다. 2012년 포브스 지 선정 기업이 되기도 했는데, 포브스 지는 이 기업의 성공 요인으로 '미래를 주목하는 능력'을 꼽았다. 또한 두 번째 요인은 변혁을 시도하는 투자였다. 애보트랩스는 끊임없이 미래를 예측하기 위해 애쓰고 있다. 남들보다 먼저 미래 소비자들의 문제와 욕구 결핍을 통찰해 그것을 토대로 새로운 제품을 개발하며 투자를 한다. 그 덕분에 125년이란 긴 시간 동안 업계를 선도할 수 있었다. 소비자 유형을 예측하여 변화에 대처하는 것은 통찰력이 있어야 가능한 일이다.

조직이 원하는 리더십의 변화

최종 결정을 내려야 할 위치에 있는 리더들의 유형을 분석한 연구가 있다. 워싱턴대 정신분석학 교수 마이클 맥코비가 1976년에 출간한 『제임스 맨』이라는 책은 리더십 분야의 고전으로 인정받고 있다. 맥코비 교수는 250명의 유명한 최고 경영자들을 만나 연구한 끝에 리더의 네 가지 유형을 구분해냈다. 네 가지 유형은 다음과 같다.

먼저 크래프트 맨(craft man) 유형이다. 이 유형은 기능직이나 기술자 출신의 리더로, 자신의 일에 대한 전문성 덕분에 최고 경영자가 된 경우다. 이들 앞에서 전문성이 떨어지는 발언을 한다거나 일을 대충하면 불호령이 떨어질 수 있다. 리더가 워낙 전문성을 갖추고 있으니 조직원들이 피곤할 수 있다.

두 번째는 정글 파이터 유형이다. 말 그대로 전투형 리더다. '안되면 되게 하라' 식이며 파이터답게 주변의 적을 다 물리치고 살아남은 전투사 스타일이다. 이들의 무서운 추진력 덕분에 성과는 좋을수 있으나 설득과 타협의 부재로 인해 반발감을 살 수 있다.

세 번째는 전형적인 컴퍼니맨(Company man) 유형이다. 회사의 모든 규칙을 잘 지켜서 신뢰를 얻은 유형이다. 주변에서 신뢰를 얻은 덕분에 리더의 자리에 오를 수 있었던 것이다. 마지막 유형은 좀 다른데, 일명 제임스 맨(James man) 유형으로 자유분방한 스타일의 리더다. 최고 결정권자 위치에 있으면서 게임을 하듯 일을 하는 사람들이다. 승부욕이 강하기 때문에 돈을 버는 목적을 뛰어넘어 자신이 하고 있는 게임에서 이기기 위해 일을 한다. 성취를 통한 쾌감을 추구하기 때문에 이기기 위한 전략적 사고를 한다. 때문에 상당히 유연해 보이지만 때론 권위적으로 보이기도 한다.

과거에는 네 가지 유형 중 어느 한 가지에 해당되면 리더로서의 역할을 훌륭하게 수행했고 조직이 그를 따라주었다. 그러나 지금은 사회가 수평적 구조로 변했고, 다양성과 속도를 요하다 보니 조직이 필요로 하는 리더십이 다양해졌다.

어떤 리더가 필요한가에 대해 계속적인 연구가 이어지는 가운데 미국 캘리포니아 우드버리 대학의(woodbury university)의 [7]마르퀘스(Marques)교수는 2005년부터 2014년까지 연구된 리더십 자료를 심층 분석하여 뒤 오늘날 비즈니스에 적용 가능한 아홉 가지 유형을 구분했다. 다섯 가지는 이전까지 우리가 경험했던 리더십이고, 나머지 네 가지는 최근 대두되는 리더십인데, 리더가 윤리적으로 본이 되어 영향력을 끼치는 진성리더십(Authentic leadership), 조직원들의 이야기에 귀 기울여 주고 공감해 주며 소통하는 공감리더십(Empathetic leadership), 리더 스스로가 자아성찰과 각성으로 의식이 깨어있는 리더십(Awakened leadership), 마지막으로 정서적 지능을 활용하여 조직원에게 영감을 주는 공명리더십(Reasonant leadership)이다. 마르퀘스 교수는 이 연구를 통해 과거나 지금이나 효율적인 리더십은 여전히 '인간관계 중심' 리더십이라는 결론을 내렸다.

이처럼 최근에 대두된 리더십을 살펴보면, 과거 과업에 최우선 순위를 둔 리더십에서 일보다 사람과의 관계와 소통에 우선순위를 두는 리더십으로 방향이 바뀌었다. 앞서 리더의 필수 역량에 대한 설문조사를 하면

---

7) Jayden kim 글, 동아일보 2016.2.19. 일자 https://brunch.co.kr/@jaydenkim/12

서 통찰력 있는 리더란 어떤 능력을 발휘하는 이들인지 구두로 물어보았다. 다양한 대답이 나온 가운데 몇 가지로 압축할 수 있었는데, 놀랍게도 리더십에 대한 학문적인 연구 결과와 일치하는 부분이 많았다. 그 리더십의 요소들은 다음과 같다.

- 영감과 동기를 유발하는 능력 (kombarakan, 2008)
- 문제해결 능력 (Bono, 2009)
- 협상의 능력 (Ennis et al. 2009)
- 비전과 전략을 제공하는 능력
- 임파워먼트와 통솔력 (Spencer et al. 1989)

조직을 이끌어 가는 리더라면 성과를 위해 조직원들의 동기를 유발하고 영감을 불러일으킬 수 있어야 한다. 그 영감이 아이디어가 되고 새로운 기획과 성과로 이어질 수 있기 때문이다. 동기부여를 통해 고조된 영감과 능력을 전략적으로 묶어주고 비전을 제시하여 이끌어가는 능력 역시 리더가 갖춰야 할 요소다.

4차산업 시대의 리더십

4차산업 시대에 낙오자가 되지 않기 위해서는 관계 중심의 리더십뿐만 아니라 무언가 더 필요하다. 바로 통찰력이다. 사람들의 욕구가 다양해진 사회에서는 다각적으로 생각하는 통합적인 사고와 정확하고 신속한 결정을 내릴 수 있는 리더십이 요구된다.

리더가 갖춰야 할 능력 중 동기부여를 예로 들어보자. 요즘 유튜브의 인기가 아주 높다. 보고 싶은 영상을 볼 수 있고, 올릴 수도 있다는 장점도 있지만 무엇보다 좋은 강연을 마음껏 경험할 수 있다는 것이 가장 큰 매력이 아닐까 싶다. 유튜브가 인기를 얻게 되면서 함께 인기를 얻게 된 것이 미국의 비영리단체 테드(TED)가 주관하는 강연회일 것이다. 이 강연회는 시작한 지 얼마 되지 않아 폭발적 성공을 거두고 있는데, 기술(Technology), 오락(Entertainment), 디자인(Degisn)의 앞글자를 딴 TED는 '널리 퍼져야 할 아이디어'라는 모토답게 영감을 불러일으키는 강의를 탄생시키고 있다. 그중에서 [8]유명 작가 겸 미래학자인 다이엘 핑1크(Daniel Pink)는 동기부여에 대해 다음과 같은 요지의 강연을 했는데, 그가 젊은 시절 미국 클린턴 행정부에서 일한 경험이 녹아 있다. '동기부여의 방식이 바뀌었다. 고전적인 의미의 보상(reward)을 제공하는 것은 동기부여에 전혀 도움이 되지 않는다. 과거의 보너스와 커미션, 인센티브 등 원칙이 불투명한 보상은 성과 달성에 오히려 장애물이 된다. 즉 20세기형 단순 작업에는 동기부여를 위해 당근과 채찍 같은 보상과 처벌이 상당한 효과가 있었지만, 21세기의 복잡하고 지식 집약적인 작업 환경에서의 보상과 처벌에

---

8) 다니엘핑크 〈동기부여의 과학〉 TED 강연 https://www.youtube.com/watch?v=OfYMRvm-Xoo

기반한 외적인 동기부여는 한계가 있고 도리어 동기부여에 방해가 된다. 우리가 사는 세상이 변했다. 좌뇌가 해왔던 일정한 프로그래밍과 단순한 회계, 반복되는 경제 관련 데이터 분석 등은 이제 컴퓨터 아웃소싱을 통해 훨씬 빠르고 정확하게 해결할 수 있게 되었다. 우뇌가 해야 할 일들, 즉 개념을 정리하고 창의적으로 응용하고 유추해야 하는 일 중심의 사회에서는 동기부여 방법이 바뀌어야 한다. 이제는 외적인 동기부여에서 내적인 동기부여로 전환되어야 한다. 지금 인재들은 자신의 업무에 대한 주도성(Autonomy), 전문성(Mastery), 분명한 목적(Purpose)과 같은 내적인 요인을 더 중요하게 생각한다.' 다니엘 핑크의 말처럼 현대 사회의 동기부여의 방식은 바뀌어야 한다. 이 시대의 리더들은 자신의 일과 삶을 스스로 결정하고 관리하고 싶어하기 때문에 주도성, 전문성, 목적을 명확히 제시해 주어야 한다.

컬럼비아 대학교의 심리학자들은 '인간은 자신이 통제력을 가지고 있을 때 더 열심히 일하고 노력한다.'고 말한다. 이 말도 다니엘 핑크의 주장과 동일하다. 인간은 자신이 직접 결정하고 선택할 권한을 가질 때 동기가 올라간다는 것이다. 이렇듯 리더가 갖춰야 할 리더십의 역량들을 살펴보면 시대를 읽는 통찰력, 통합적 문제 해결력 등 과거에 비해 내적인 힘이 강조되고 있다. 코칭 리더십도 마찬가지다. 상대가 자기 문제를 스스로 해결해나가도록 질문을 통해 주도성을 이끌어내는 것이 코칭의 핵심이다. 코칭 리더십에서는 업무 수행이나 의사결정을 리더가 하지 않고 질문하고, 경청하고, 피드백하여 상대가 책임지고 스스로 해결해나가도록 한다. 즉 자기주도형 인재, 자립형 인재를 키우는 것을 지향한다.

코칭은 '모든 사람은 스스로 자기 안에 답을 가지고 있다'는 철학을 기반으로 자기주도형 인재를 키우는데 맞추어져 있다. 그래서 코치형 리더 밑에서 함께 일하게 되면 지시보다는 질문을 통해 스스로 답을 찾고, 질책받을 두려움 없이 자유롭게 자신의 강점과 능력을 살려 성공적인 결과를 만들어낼 수 있게 된다. 코칭에서 질문과 경청, 피드백은 항상 자신의 내면을 깊이 들여다보게 하고 상황을 다각도로 조명하게 하여 최적의 대안을 이끌어내는 고도의 통찰을 불러일으킨다. 이러한 대화를 이어가다 보면 자연히 통찰력이 강화될 수밖에 없다. 이러한 통찰력을 지닌 코칭 리더십은 4차산업 시대가 절실히 필요로 하는 리더십이 될 것이다.

통찰력에 관한 오해

아돌프 히틀러, 삼척동자가 다 아는 악명 높은 이름이다. 그는 보잘 것 없는 평범한 사람에서 전 세계를 상대로 전쟁을 일으켜 한때 독일 민족의 자존심이 되었던 사람이다. 이 때문에 종종 리더십 연구에 있어 관심의 대상이 되곤 한다. 실제로 그는 독일 민족을 선동해서 전쟁을 일으킬 정도의 연설가였고 전술가였다. 그는 누구보다 사람을 잘 알았다. 히틀러

---

9) 존 어데니 〈위대한 리더들, 잠든 시대를 깨우다〉 도서출판 미래의 창

의 조력자이자 생산성 장관으로 임명된 [9]알버트 스피어는 그에 대해 이렇게 말했다.

"그는 사람들의 숨겨진 죄악, 소망, 선행, 야망, 사랑 그리고 증오를 읽을 줄 알았다. 또한 아첨과 기만에 넘어가기 쉬운 인간의 약함도 알고 있었다. 그는 그 모든 것을 직관을 통해 알았다." 이처럼 히틀러는 뛰어난 통찰력을 지닌 인물이었다. 조력자의 이야기처럼 그는 비범했지만, 사람을 근본적으로 존중하지 않았다. 이처럼 한쪽으로 치우친 통찰력만으로는 사회에 도움이 되는 일을 할 수 없다. 세계2차대전 중 그는 결국 통찰력을 잃어버리고 말았다.

처음에는 그의 놀라운 기억력과 군사 지식 등이 전술에 큰 도움이 되었다. 특히 대중을 선동하는 힘이 대단하여 독일 민족을 하나로 이끌었다. 그러나 점차 자아도취에 빠져 다른 사람의 말은 전혀 듣지 않았고, 자신에게 반대하는 의견은 그 자리에서 묵살하고 죽이는 등 폭군의 모습을 보이기 시작했다.

히틀러가 탁월한 전술과 대중의 마음을 한 방향으로 모으는 강력한 리더십을 가지고도 인류가 함께 성장하는 더 큰 그림을 그리지 못한 이유는 무엇일까? 그는 자신이 얻은 권력과 힘으로 인해 오만해졌고, 자신의 결정이 절대적으로 옳다고 자만하여 주변의 의견을 무시하고 소통을 거부했다. 뿐만 아니라 본능적으로 치고 올라오는 세력을 알아보고는 광적인 반응을 하였다. 그는 근시안적인 전략가였지 장기적인 결과를 예측하며 통합적인 생각을 하는 진정한 리더는 아니었던 것이다. 실제로 히틀러를 적대시했던 야전사령관 만스타인은 그를 '문외한에게 보이는, 가능성을 조작하는 눈이 나타났다'고 지적했다. 만약 히틀러가 진정으로 통찰력 있는 리더였다면 결과는 달라졌을 것이다. 그는 사람의 감정과 본능을 파악하는 직관력은 뛰어났지만 자신의 감정은 제어하지 못했다. 만약 그가 주위 사람들의 말을 경청했더라면 자기 꾀에 빠져 넘어지는 우는 범하지 않았을 것이다.

역사 속에서 뿐만 아니라 오늘날의 수많은 리더들도 이렇게 자기 자신과 대중의 능력을 오판하여 하루아침에 몰락하거나 수치스럽게 사라진다. 직관력, 사람의 마음을 조정하는 능력, 추진력, 탁월한 전술 등은 성공에 있어서 아주 중요한 요소이지만 그것만으로 큰 일을 하지는 못한다. 자신과 조직, 사회를 함께 유익하게 하고 건강한 사회 발전에 도움이 되는 일, 누가 봐도 납득하고 동의할 수 있는 지혜로운 결정, 나와 타인이 상생하게 하는 결단 같은 통찰력을 가진 자만이 역사에 길이 남아 존경을 받는다.

통찰력에 대해 관심이 높아지면서 이 단어가 잘못 사용되는 경우를 보게 된다. 사람 마음을 꿰뚫어 보는 독심술로 착각하기도 하고, 카리스마를 통찰력으로 포장하기도 한다. 그러나 통찰력을 그렇게 단순하게 정의 내릴 수는 없다. 일반적으로 통찰력에 대해 잘못 알려진 것은 '통찰력=확신'이라는 공식이다. 하지만 오히려 통찰력이 있는 사람은 어떤 상황에서도 100%확신하지 않는다. 무한한 가능성을 열어놓는 태도야말로 통찰력 있는 사람이 지닌 특징이다. 인터넷을 검색하다가 재미있는 글을 발견했

다. 인류 최대의 실수에 대한 글인데 잠깐 소개하고자 한다.[10)]

1. 영국 데카음원사에서 비틀즈와 계약하기를 거부했던 것.

2. NASA가 엄청난 자금을 투입해 만든 화성 궤도 탐사선을 잃어버린 사건

3. 1999년 조지벨(Exite사의 CEO)이 구글의 인수 제의를 거절한 일

4. 나폴레옹이 겨울에 러시아를 침공했으나 추위 때문에 실패했던 일

5. 히틀러가 나폴레옹처럼 겨울에 러시아를 침공했으나 실패했던 일

6. 영국보다 100년 앞서 오스트레일리아를 발견한 독일이 사막이라 생각하
   고 무시한 일

7. 소련이 알레스카 땅을 헐값(1에이커탕 23원)에 미국에 판 일

8. 12개의 출판사가 해리포터의 출판을 거절한 일

9. 일본의 진주만 공습

10. 2300년 전 그리스 알렉산드리아 도서관의 화재

역사적으로 안타까운 실수 퍼레이드다. 데카레코드사는 비틀즈라는 걸출한 그룹, 시대를 앞서갔던 음악을 무시하고 넘겼기에 사상 최고의 실수를 했다. 판타지 소설인 해리포터 역시 자신의 안목을 믿어 의심치 않는 편집장이 보기에는 허점투성이로 보였을 것이다. 그래서 그 원고

---

10) http://blog.naver.com/wisdom5371/220638783846 인류역사상 가장 큰 실수 모음

가 자신의 손을 거쳐 갔음에도, 수많은 출판사들은 세계적인 베스트셀러로 갑부가 될 수 있었던 기회를 놓치고 말았다. 내 사전에 불가능이란 없다고 확신했던 나폴레옹도 과도한 확신으로 러시아 정복에 실패했다. 이처럼 자신의 생각이나 능력을 100%확신하는 경우 오히려 실수나 실패를 하는 경우가 흔하다. 모든 일에 확신하는 것, 100%완벽하다고 믿는 것은 통찰을 방해할 수 있다.

통찰력에 대한 또 다른 오해는 '통찰력=권위'라고 생각하는 것이다. 하지만 도리어 통찰은 열린 소통에서 일어난다. 권위나 힘으로 누르는 딱딱하고 강압적인 분위기에서는 통찰이 자유롭게 일어날 수 없다. 자유로운 소통을 통해 다양한 의견이 교차하는 가운데서 예상치 않은 많은 통찰이 있어나게 되는데, 권위와 힘으로 통제된 분위기 속에서는 자유로운 소통이 이루어지지 않고 통찰도 일어나기 힘들다. 마지막으로 통찰에 대해 잘못 생각하고 있는 것은 '통찰 = 무한 긍정'이라고 생각하는 것이다. 물론 통찰력은 다양한 것을 수용하고 끌어안음으로써 통합적인 시너지를 만들어내는 면이 있다. 하지만 '좋은 게 좋다'는 식의 무조건적 수용과 긍정 마인드를 통찰로 오해하는 건 곤란하다.

왜냐하면 통찰은 비판적 사고에서 시작되기 때문이다. '과연 이것이 옳은 일인가?', '이것이 과연 모두를 위한 최선인가?', '왜 우리는 이것을 선택할 수밖에 없는가?'라고 끊임없이 의문을 품고 성찰할 때 '아하' 하는 순간의 깨달음도 온다.

앞서 예로 들었던 경찰의 이야기로 돌아가서 생각해 보자. 새 차에 담뱃재를 털고 있는 사람을 보고 '뭐 그럴 수도 있지. 자기도 모르게 재가 떨어졌나 보다. 그래 좋게 생각하자.' 라고 지나쳤더라면 범인을 검거할 기회는 날아가 버렸을 것이다. 통찰은 보이는 것을 그대로 수용하고 의심 없이 받아들이는 무한 긍정과 다르다. 오히려 깐깐하게 따져보는 비판적 사고가 요구되는 과정이다. 그렇기에 통찰력 있는 사람이 되기 위해 무조건 긍정적으로 생각하는 무한긍정주의자가 될 필요는 없다.

경영자에게 필요한 통찰력

과거 우리나라의 경제성장을 이끈 빅2가 있었다. 다들 알겠지만 현대의 정주영 회장과 삼성의 이병철 회장이다. 이 둘은 서로 많이 비교되는 인물이다. 2010년 대학생들을 대상으로 '다시 부활했으면 하는 기업인'을 꼽으라고 하자 정주영, 이병철 두 사람이 1,2위를 차지했다고 한다. 작고한 지 수십 년이 흘렀음에도 이름이 거론될 정도니 영향력이 참 대단하다고 하겠다.

그런 의미에서 그들의 사업적 통찰력을 살펴보아야 할 것이다. 후대의 여러 하마평은 차치하고 어찌됐건 국가를 대표하는 기업을 일군 그들은 어떤 통찰력을 가지고 있었을까? 재미있는 비유가 있다. 그 두 사람을 투수에 비유하면 정주영 회장은 일단 공을 던져놓고 생각하는 스타일이고, 이병철 회장은 생각한 뒤 공을 던지는 스타일이라고 한다. 그래서 그들이 기업을 이끌며 보여준 리더십의 색깔도 좀 다르다.

	리더십 스타일	보완점
정주영	먼저 행동하고 그 행동에 따른 결과를 생각하는 스타일	리스크 관리
이병철	꼼꼼한 조사와 분석을 거쳐 행동에 옮기는 스타일	적절한 기회 포착

수십 년이 흐른 지금 이 시대에도 그들의 리더십이 통할까?

'이봐, 해보기나 해봤어? 사진 한 장으로 나는 사업 계약을 따냈다고.'

이 한마디는 지금 들어도 불굴의 힘과 의지가 느껴진다. 그러나 이런 밀어붙이기 식 리더십은 요즘 사람들에게는 통하지 않는다. 시대가 변한 것이다. '회장님, 됐고요. 오르지 못할 나무는 아예 심지 않는 게 효율적이라고요.' 이렇게 맞불을 놓기 십상이다. 그러나 그들의 시대에서는 이러한 리더십이 상상도 못할 정도의 날카로운 통찰력과 추진력이 있었다. 통찰력에 다다르는 방법과 그것을 발휘하는 방법이 지금과 달랐기 때문이다. 그렇다면 지금 이 시대의 경영자들에게는 어떤 통찰력이 필요할까?

기업의 통찰력 현주소

잠깐 우리나라 기업의 현주소를 알아보자. [11]한국 기업의 평균 수명은

---

11) 메킨지 보고서, 상공회의소자료 2011, 2014년

1935년에는 90년, 1955년엔 45년, 1975년엔 30년, 1995년엔 22년, 2005년엔 15년, 2014년에는 12년이라고 한다. 평균 수명은 점점 더 짧아지고 있다. 그만큼 기업이 살아남기 힘들어지고 있다는 증거다.

이것은 1차산업혁명을 일으킨 기계의 발명으로부터 3차산업혁명을 일으킨 디지털 혁명, 디지털과 사물을 연결하는 4차산업혁명까지 산업구조의 변화와 맥을 같이 한다. 과학기술과 경제가 발전할수록 기업의 수명도 점점 짧아지고 있는 것이다. 이와는 별개로 한국에서 100년 이상 된 기업은 2014년 조사에 의하면 단 7곳이다. 미국이 200여 곳, 일본은 무려 25,000여 곳이나 되는 것을 보면 한국 시장에서 기업들이 살아남기가 그 어느 나라보다 어렵다는 것을 알 수 있다. 기업을 세우는데 짧게 잡아서 4~5년 걸리는데, 제대로 운영할 만한 시기가 되는 10년이 지나면서 대부분 폐업하게 된다니 정말 처참한 상태다.

모든 경영자들이 창업을 할 때는 탁월한 성장을 이루어 가족뿐만 아니라 주주와 직원에게 풍족한 열매와 환경을 제공하려는 꿈을 가지고 시작할 것이다. 그러나 현실은 냉혹하여 99%의 경영자들이 꿈을 이루지 못하고 실패자가 되어 사라진다.

경제전문가의 분석에 의하면 세계 경제는 지난 50년간 6배 성장하였지만 앞으로 50년간은 그것의 삼분의 일밖에 성장하지 못한다고 한다. 빅데이터를 포함한 디지털화로 생산성은 향상되었지만, 고령화와 저출산 등에 따른 노동인구의 감소로 전체 성장률은 더욱 떨어지기 때문이다. 선망의 대상이 되었던 기업가들이 하루아침에 실패자로 전락하는 참혹한 현실, 그러나 그것을 알면서도 경영자들은 그 처절한 전쟁터로 전진해 들어간다. 이런 상황에서 더욱 절실히 통찰력이 요구된다. 여기서 요구되는 통찰력은 리더십을 넘어선 '현재 존재하고 있는 현상이나 사물을 예리하게 관찰하여 미래를 정확하게 예측하는 능력'이다. 치열한 기업의 현장에서 통찰력은 필요를 넘어서 필수불가결한 역량이 되고 있다.

필자는 지난 17년간 주요 기업들을 대상으로 코칭 프로그램을 진행해 왔다. 코칭이라는 것을 아무도 몰랐던 척박한 환경 속에서 전문코치를 양성하며 기업인을 대상으로 코칭을 진행하고, 성과를 하나 둘 이루어 나가면서 이제는 기업 내에서 코칭 프로그램은 하나의 문화, 리더들이 거쳐야 할 필수 코스로 자리 잡아 가고 있다.

우리가 개인적인 목적이나 재미를 위해서 취미 활동을 하거나 운동을 할 때에는 굳이 코치까지 필요하지 않다. 본인이 하고 싶은 만큼만 하면 되고, 언제든지 그만둘 수도 있다. 그러나 다른 경쟁자와 겨루어 이기기 위해서 시합에 나가는 운동선수에게는 코치가 필요하다. 탁월한 능력을 가진 경쟁자를 혼자 힘으로 이기기 힘들기 때문이다.

경영이란 개인적인 목적이나 재미를 위해 적당히 조절할 수 있는 것이 아니다. 항상 주변에 무서운 경쟁자가 있고, 본인 자신, 가족, 직원, 협력업체 등의 운명이 달려 있어서 반드시 성공해야만 하는 절박하고 거룩한 목적을 가지고 있기 때문이다. 그런데 앞에서도 말했듯이 10년이 지나면 99%의 기업이 실패하여 흔적도 없이 사라지는 이 참혹한 경쟁의 장에 들어가는 경영자에게는 과거 어느 시기에도 도와줄 코치가 없었다. 그러나 이제 세상이 바뀌어 사회 조직의 근간을 이루고 가정의 뿌리를 이루는 기업 경영을 전문적으로 도울 수 있는 경영자 코치가 명확하게 존재한다. 실제로 코치란 전문가 집단이 생기기 시작하면서 가장 먼저 이들을 수요한 사람들이 바로 대기업의 경영자 및 임원들이었다.

국경을 넘어 대다수의 매출을 해외에서 만들어 내는 글로벌 기업들은 경영자 및 임원들에게 전문코치를 붙여 1년에 3~6개월씩은 코치와 함께 지혜와 통찰력을 극대화하게 함으로써 조직과 기업 및 개인의 목표를 탁월하게 이루도록 돕고 있다. 이러한 글로벌 기업뿐만 아니라 국내의 중소기업들, 국영기업들에서도 최근 조직 훈련과 역량 개발, 리더십 훈련들의 필요가 높아지고 있다. 특히 업무 현장에서 실시간으로 결정을 내려야 하는 리더들의 의사결정 능력이나 커뮤니케이션 능력을 향상시키는 훈련이 필요하다는 HR 담당자들의 요청이 많아지고 있다. 이러한 현업의 필요를 충족시키기 위해 탄생한 코칭은 지난 30여 년간 미국을 시작으로 유럽과 아시아로 확산되었고, 한국에도 들어온지 17년이 지나면서 그 방법과 전문성이 성숙해가고 있다. 지난 17년간 기업의 임원들을 비롯한 최고경영자, 중간관리자들의 데이터가 축적되다 보니, 우리나라 경제를 이끌어 가는 상위 기업들의 경쟁력의 실체가 자연스럽게 파악되었다. 여기서 그러한 장기간의 경험을 통해 파악하게 된 우리나라 기업 리더들의 특징과 통찰력에 대해 살펴보려고 한다.

브랜드 평판과 소통, 그리고 통찰력

기업의 브랜드 이미지는 기업의 성과에도 큰 영향을 미친다. 이 때문에 기업은 평판에 상당히 민감한 편이다. 한국기업평판연구소에서는 2016년 4월 23일부터 5월 24일까지 30개 그룹의 브랜드 빅데이터 382,207,794개를 모아서 분석하였다. 그 데이터를 기반으로 브랜드 평판 지수를 발표했는데 다음과 같았다.

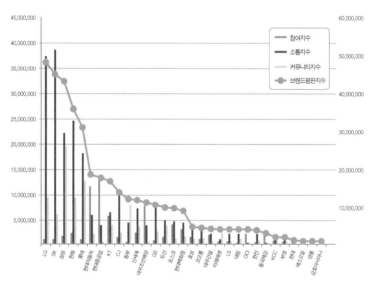

<한국 30대 그룹의 브랜드 평판 지수> 한국기업평판 연구소 출처

이 데이터를 보면 우리가 알고 있는 기업의 이미지와 조직문화, 추구하는 방향과 평판이 많이 다름을 알 수 있다. 아무리 성과가 좋은 기업이라 해도 고객의 평판은 낮을 수 있고 또 그 반대의 경우도 있다. 도표에서 보듯이 브랜드 평판지수가 높은 기업은 압도적으로 소통지수가 높다. 현시대 사람들이 무엇보다도 소통을 중요시한다는 사실을 이 데이터가 여실히 증명해 준다. 직원이나 고객과 소통을 잘하는 기업의 브랜드는 높이 평가하고, 그렇지 않은 기업의 브랜드는 낮게 평가하고 있는 것이다. 실제로 코칭 현장에서도 부하와 상사, 동료와 동료, 기업과 소비자간의 간격을 좁히고 그들의 마음을 여는 소통 방법에 대한 요구가 가장 높다. 아래 표는 필자의 주관적인 견해를 토대로 분석한 주요 기업의 분위기에 따른 코칭 주요 쟁점 및 해결 방향이다.

기업	기업의 분위기	코칭의 주요 쟁점	해결 방향
L사	인간적인 친화력을 강조	팀워크를 최대한 발휘한 조직 발전과 성장	팀플레이를 위한 소통 방법 고민
S사	성과로 일류가 된다	높은 성과 달성을 위한 창의적인 전략	성과를 위한 아이디어 발굴
H사	저돌적인 프로젝트 추진과 가족적 분위기	새로운 사업 개척과 도전정신 배양	추진력 있는 조직 관리
K사	일의 효율성과 인성을 강조	효율적인 성과 내기 신뢰의 조직 운영	팀워크 및 개인 개발
P사	권위적인 상명하달 분위기	체계적인 조직 관리	실효성 있는 결과 도출 전략 및 실행

중요한 것은 이러한 기업 분위기와 리더들이 일하는 방식은 아주 큰 연관이 있다는 것이다. 그리고 기업들은 모두 강점을 살려 큰 성장을 이루었지만, 약점을 보완해야만 성장을 지속할 수 있을 것이라는 사실을

알고 다양한 노력을 기울이고 있다.

기업의 사회공헌 사업이 활발해지는 가운데, 언젠가 일종의 대기업 프로보노 사업 현장에 간 적이 있다. 사회적 기업들은 사업을 경영하는데 경험과 노하우가 부족해서 어려울 때가 많다. 그래서 프로보노(재능기부자)들이 자신이 맡은 분야의 멘토가 되어 사회적 기업을 돕는 것이다. 그런데 확실히 기업의 분위기에 따라 리더들의 모습도 많이 달랐다.

추진력과 의리를 중요시하는 분위기의 H사 리더는 주어진 임무 외에도 그 기업 리더들과 친형제처럼 지내며 업무 시간 외에도 만나 도움을 주는 등 헌신적이었다. 반면 상당히 조직적이고 지적인 분위기의 S사 경우, 중요한 노하우를 효과적으로 전해 주지만 관계에서는 선을 넘지 않는 조심성을 보였다. 인성을 중요시하는 기업의 리더들은 자신의 멘티가 된 사회적 기업의 의미와 가치 등을 함께 찾아가려고 노력했다. 확실히 기업의 분위기에 따라 리더가 발휘하는 역량이나 일하는 방식 등이 확연히 차이가 났다.

국내 대기업들의 경영자 및 임원들을 코칭하면서 기업마다 경영자의 가치와 목적에 따라 조직문화가 다르게 형성되어 있음을 생생하게 경험하게 되었다. 앞서 살펴본 기업의 분위기 등을 고려해 볼 때 그들의 통찰력은 조금씩 다르게 발휘되고 있었다. 신기하게도 그런 특징은 현재 그들 기업이 나아가는 방향과 맥을 같이 하고 있었다.

기업	주요 관심사	리더의 마인드	그들의 통찰력
L사	어떻게 하면 소통을 더 잘 할 수 있을까?	기업은 사람이 이끌어 간다. 사람이 중요하다.	사람간의 조화
S사	높은 성과를 위해 어떤 방법을 사용할 수 있을까?	높은 성과 달성을 위한 창의적인 전략	철저한 프로정신 공선사후
H사	목표를 위해 어떤 행동을 할까?	계획하고 준비하는 것보다 실천하는 행동력이 중요하다.	목표의식 실천력
K사	개개인이 발전하면서 조직도 발전하는 방법은 무엇인가?	개개인의 의식 세계를 존중하라. 의식이 변해야 조직이 변한다.	의식의 변화 내면의 변화
P사	기존의 관행과 관계를 유지하기 위한 방법은 무엇인가?	팀원은 강하게 리드해야 한다. 명령과 복종이 중요하다.	강한 리더십 조직 우선주의

이렇게 기업의 주요 제품이나 성장 전략, 지향하는 가치에 따라 독특한 문화가 형성되어 있고, 그 안에서 리더들이 발휘하는 통찰력에도 온도 차이가 있다.

코칭이 주는 통찰력

하루가 다르게 변해가는 세상에서 변화하지 않으면 살아남을 수 없다는 절체절명의 위기감으로 기업을 이끄는 리더들이 바뀌려고 노력하고 있다. 한 번도 경험한 적 없는 경제 위기 앞에서 변화에 대한 요구는 더욱 커졌다.

얼마 전 우리 센터는 한 기업의 경영자 코칭을 시작하게 되었다. 한국

뿐만 아니라 세계적으로 인정받는 일류 기업도 변화를 위해서는 도와줄 코치가 필요한 것이다. 사실 아무리 앞서가는 기업이라도 구성원들은 비슷한 문제를 안고 있을 수밖에 없다. 기술과 환경, 사회의 요구는 초속으로 바뀌어 가고 있는데, 조직 구성원들의 변화는 너무 느리다. 기업은 변화에 유연하게 대응하는 인재, 혁신적인 창의성과 강력한 추진력을 가진 인재가 필요한 것이다. 하지만 코칭 프로그램에 참여한 중간관리자들은 처음에 상당히 저항했다. 스스로 변해야 한다는 것은 알고 있지만, 이상적인 이론이나 방법들이 현장에 맞을 리 없다는 의구심, 그동안 성과를 내온 방법에 대한 고집 때문이었을 것이다. 하지만 회사는 1분 1초가 급했고, 변화를 이끌어낼 대안으로 코칭을 택했던 것이다. 회사의 선택으로 인해 리더들은 어쩔 수 없이 코칭 과정에 참여하게 되었다.

'수많은 프로젝트로 눈코 뜰 새 없는데 한가하게 무슨 코칭이야?'

중간관리자 그룹코칭이 시작되었을 때, 대부분의 리더들은 불편한 심기를 감추지 않고 앉아 있었다. 그렇다 보니 코칭의 중요성과 핵심을 설명하고 과정을 진행하기가 쉽지 않았다. 처음 대면하는 자리부터 코칭 특유의 자유롭고 화기애애한 분위기가 아니었다. 아무리 경력 많은 전문 코치라도 냉랭한 리더들의 마음을 움직이는 것은 쉽지 않았다. 그러한 분위기는 그동안 성과 위주로만 흘러왔던 굳은 조직문화를 반영하고 있었다. 어쩌면 그들의 잘못이 아니었다. 그들은 어쩌면 '답.답.해.요. 좀. 구.해.줘.요. 혼자서는 어떻게 할 방도가 없어요' 라고 마음속으로 외치고 있는 것인지도 모른다. 표정만 봐도 그들이 얼마나 긴장감 속에서 성과만 보고 달려왔을지 보여 안타까운 마음과 사명감이 끓어올랐다. 그래서 변할 것이라는 강한 소망을 가지고 모든 열정을 쏟았다.

주 1회, 2시간씩 그룹코칭에 들어온 리더들은 2주차 교육에서도 굳은 표정과 팔짱을 풀지 않았다. 코칭 프로그램 성격상 매주 동료들과 코칭 스킬 훈련을 하고 현업에 돌아가 과제를 실행한 후 다시 그룹코칭에서 코치와 동료에게 상세한 피드백을 주고받아야 함에도 말이다.

'과제를 안 하셨다고요? 많이 바쁘셨나 봐요.'

'발등에 떨어진 불끄기에도 급급합니다.'

'네 당연히 그러시겠죠, 얼마나 힘드신지 정말 짐작이 가요.'

귀찮은 표정을 역력히 드러내는 데 그들의 상황과 마음을 공감해 주면서 꾸준히 코칭 리더십의 숙지와 현업 적용을 독려하고 피드백했다. 그러자 3주차에 접어들면서 그들의 입이 열렸다. 그런데 쏟아져 나온 것은 격한 불만이었다. '조직원들과 대화를 해보려 했지만 통하지가 않습니다.' '부하에게 지시 대신 질문을 하니 대답은커녕 오히려 평소대로 빨리 지시해 달라고 아우성입니다.'라는 것이다.

그들의 반응은 전혀 이상한 것이 아니다. 대부분의 사람들은 새로운 것, 모르는 것에 대해 저항하기 마련이다. 그러나 반복 훈련과 현업 적용이 이어지던 5주쯤부터 변화가 일어나기 시작했다. 프로젝트에만 목매달던 리더들이 함께 일을 진행하는 조직원들을 돌아보기 시작했고, 질문하고 경청하며 부드럽게 소통하기 시작했다. 그동안 반신반의하던 사람들도 대화의 원리를 이해하고 부하나 동료들뿐만 아니라 가족에게까지 자연스럽게 사용하기 시작하면서 조직과 가정의 변화가 동시에 일어나기 시작했다.

이렇게 프로그램이 중반을 넘어서면서 변화의 분위기는 더욱 가속화되어 리더들은 매주 자신과 조직에 어떤 변화가 일어났고, 문제를 어떻게 해결했는지를 앞 다투어 공유했다. 리더들의 태도가 바뀌었고 말투가 부드러워졌다. 조직 구성원들과 솔직하게 공유하고 고민하면서 미래에 대한 자신감과 희망을 가지기 시작했다. 당장 처리해야 할 일과 성과 외에는 관심을 갖지 않던 리더들이 소통을 통해 부하들의 마음과 감정을 이해하게 되었으며 부하들의 존재가치에 관심을 기울이게 되었다. 전문적인 지식이나 기술력도 중요하지만 사람과 소통하고 팀워크를 만들어 내는 일도 중요하다는 것, 혼자서 미친 듯이 일에 집중하는 것보다 큰 시각을 가지고 전체 구성원들 사이가 경직되지 않도록 지지와 격려의 에너지를 공급하는 것이 더 중요하다는 것을 생생한 경험을 통해 알게 된 것이다.

그렇게 10주차 프로그램이 끝났을 때, 참여자들은 과거에 없던 자신감과 추진력을 가지고 적극적으로 소통하는 긍정적인 리더가 되었다. 말그대로 높은 파도를 과감히 올라타서 즐기는 능숙한 서퍼처럼 조직 내의 변화를 적극적으로 주도해 나갔다.

새로운 역량 개발을 위해 동료, 부하들과 서로 코칭하고, 미래 성장 전략을 세워 업무를 실행하고 피드백하는 통합적인 과정을 통해 리더들은 일과 조직 전체를 꿰뚫어 보고 연결하는 통찰력을 가지게 되었다. 즉 이 시대가 요구하는 통찰력 있는 리더가 된 것이다.

세계 기업에서 배우는 통찰력

우리나라 기업 리더들은 과거에도 지금도 통찰력을 필요로 하고 있다. 특히 요즘에는 리더의 필수 능력이 되고 있는데, 과거의 통찰력 개념과 지금의 개념에는 어느 정도 차이가 있다.

<과거와 현재의 통찰력 개념 차이>

분야	과거의 통찰력 개념	현재의 통찰력 개념
조직문화	성공지향적 비전	성공보다는 공동체 의식
성과	희생을 감수한 성공과 성취	마음껏 실수하며 최고를 만들어내기
아이디어	완전히 새로운 독특한 발상	있는 것을 재결합하여 재창조 빅데이터 분석, 과거의 다양한 경험 등을 소통을 통해 연결한 아이디어
팀워크	경쟁 위주, 평가 위주	더불어 성장하는 팀워크
리더십	책임감 있는 능력형 리더 어떻게 상대방의 생각을 조종하는가?	사람의 마음을 움직이는 공감형 리더 어떻게 상대방의 의도를 정확하게 간파하는가?

실제로 세계를 선도하는 기업들은 현재의 통찰력 개념을 기업 운영에 적극 적용하고 있다. 2016년 6월 어느 날이었다. 신문을 읽다가 순간적으로 눈이 번쩍 뜨였다.

'GE, 124년 전통을 깨고 인사평가제도 전면 단행, 평가 원칙은 맘껏

실수하라'

정확한 제목은 기억나지 않지만 이런 내용이었다. 세계적인 기업에서 인사평가 기준이 '맘껏 실수'라니, 나도 모르게 무릎을 치게 되었다. '과연 남들이 하지 못하는 파격적인 일을 먼저 시도하는 세계적인 기업이구나.' 라는 생각과 함께 나도 모르게 응원을 보내게 되었다. 성과 위주로 흘러가는 기업 분위기를 바꾸고 새로운 혁신을 시도할 때 동반되는 리스크(위험)를 기꺼이 감수하겠다는 각오, 그리고 직원들에 대한 아낌없는 투자가 바로 대단한 혁신이라는 생각이 들었다.

맘껏 실수하라는 말이 나오게 된 것은 GE에 새로 부임한 CEO, 제프리 이멜트(Jeff Immelt)의 의지였다. GE는 124년 된 제조업체로서 저력을 지닌 기업이지만, 저성장 시대에 기존 방식대로 하다가는 실패할 수밖에 없다는 위기감을 가지고 있었다. 이에 실패를 두려워하지 않고 변화를 향해 도전하는 것만이 살 길이라고 판단한 GE는 인재 개발과 업무 방식에 혁신적인 변화를 시도했다. 직원들이 비난받을 두려움 없이 사소한 아이디어라도 자유롭게 제안하고, 상사는 그것에 대해 긍정적인 언어로만 피드백하게 하는 앱을 개발했다. 바로 '앱 피드백 시스템'이다.

구성원들은 앱에 각자 해야 할 일들이나 아이디어를 녹음파일, 사진, 파일 등으로 올리고 상사들은 이에 대해 수시로 피드백한다. GE의 HR은 "리더들은 구성원들에게 점수를 매기고 평가하는 일이 아니라 '더 잘할 수 있도록 도와주는 일'을 해야 한다."고 강조한다. 구성원들은 '통찰력'(insight)이라는 앱을 통해 직속 상사는 물론 다른 동료, 혹은 다른 부서의 사람들에게까지 의견을 요청할 수 있다. 그러면 사람들은 앱을 통해 "계속하세요" 또는 "조금 바꾸어 보는 것도 괜찮을 것 같아요"라는 두 가지 형태로만 의견을 줄 수 있다. 코칭 대화는 부정적인 표현을 사용하지 않는 것이 특징이다. GE의 HR 책임자인 수잔 피터스는 "사람들은 누구나 부정적인 피드백을 좋아하지 않기 때문에, 이러한 앱을 통해 서로 적극적으로 대화하고 돕게 만들려면 긍정적인 방식으로 피드백할 수 있게 만드는 시스템 설계가 필요하다"고 말한다.

이 피드백 시스템에서 비난이나 질책, 거부나 무시와 같은 부정적인 피드백은 사용할 수 없기 때문에 이 조직에서는 누구도 부정적인 피드백을 하거나 받지 않는다. 다만 잘한 것을 강화하거나 부족한 것을 개선하는 피드백만이 오고갈 뿐이다. 이렇게 긍정적인 소통 속에서 젊은이들과 탁월한 인재들이 자신의 재량을 마음껏 발휘하고, 상사와 부하간의 대화에 열정과 영감이 넘쳐야 수시로 탁월한 전략과 통찰력 있는 의사결정이 이루어질 수 있다.

어떤 아이디어라도 표현하고 제안하면 비판 없이 받아주고 격려하는 긍정적이고 유연한 문화, 스스로 자신의 의견을 내고 회사를 위해 재능과 노력을 쏟아내는 자기주도형 인재, 모든 구성원들의 아이디어를 통합하여 최고의 창조물을 만들어내는 창의적인 업무 방식, 이것이 이멜트가 의도한 것이었다. 과거 GE는 위기 속에서 코칭을 도입함으로써 대도약을 이루어냈는데, 4차산업 시대로 접어들면서 '마음껏 실수하라'는 표어로 인재들의 재능과 통찰력을 전 조직이 공유하게 하여 또다시 다음 성장의 발판을 만들어 가고 있다.

한편 전 세계 아이들이 한번쯤 쌓고 무너뜨려 봤을 레고를 기억할 것이다. 지금도 레고 블록은 어린이라면 아주 친숙한 장난감이다. 수많은 첨단기기와 새로운 장비가 쏟아져 나오는 디지털 시대에 그 인기의 아성이 아직도 무너지지 않는 이유가 뭘까?

레고라는 기업에는 그들만의 통찰력이 녹아 있다. 레고는 1932년 덴마크의 한 목수에 의해 탄생된 기업으로 '잘 가지고 놀다'는 뜻을 지니고 있다. 레고 블록이 특허를 받은 뒤 블록은 어린이들의 소중한 장난감이 되었고, 집집마다 레고 블럭이 쌓여갔다. 수십 년간 성장을 거듭해 오던 레고 기업은 21세기를 맞아 휘청거리기 시작했다. 더 이상 아이들은 블록을 조물락거리며 왕국을 건설하지 않았고 대신 컴퓨터 게임으로 더 멋진 실사의 건물을 짓고 허무는 것을 즐겼다.

이에 따라 레고는 심각한 타격을 입었다. 수십 년간 성장을 거듭해 온 세계 5위의 완구회사가 2003년에 이어 2004년까지 대규모 적자에 시달리며 파산의 위기까지 맞게 되었다. 사실 레고가 이런 시대적 변화를 간과한 것은 아니다. 1990년대 말 비디오 게임의 돌풍에 밀리게 되면서 위기에 대항해 변신을 시도했었다.

화려하게 변하는 스타일로 블록에 변화를 주기도 했고, 아이들 취향에 맞춘 레고 랜드도 세웠다. 그러면서 비디오 게임, 의류, 캐릭터 사업 등으로 돌파구를 찾았다. 하지만 결과는 참담했다. 아이들은 물론 부모들까지 레고에 등을 돌린 것이다.

이때 한 명의 리더가 등장한다. 그는 서른다섯에 맥킨지 경영 컨설턴트 경력을 지닌 젊은 CEO, 조르겐 빅 므누스토프(Jorgen Vig Knudstorp)였다. 새로운 전략을 제시할 줄 알았던 사람들의 기대와 달리 그는 조금은 놀라운 전략을 펼쳤다. 그의 전략은 '레고의 기본으로 돌아가자'는 것이었다. 말하자면 레고의 기본정신으로 돌아가는 개혁이었다.

문어발식 사업 확장이 아닌 끝없는 조합이 가능한 레고 블록의 시작점으로 돌아가 레고의 기본에 초점을 바꾸었다. 수익이 저조한 사업은 단호히 매각하며 핵심 상품 생산에만 주력했다. '레고는 단순한 블록이다. 하지만 이 블록들을 끝없이 연결하면 무한한 것을 만들어낸다. 어린이들에게 이 영감을 주면 우리 상품은 존재가치가 있다.'

새로운 CEO의 기본으로 돌아가야 한다는 통찰은 정확하게 맞았고 수렁에 빠진 레고는 살아나기 시작했다. 그는 무너진 레고 블록을 다시 쌓아 올린 것이다. 항간에서는 3D 프린터가 상용화되면 레고와 같은 완구 회사는 위기를 맞을 거라고 예측하기도 한다. 하지만 레고의 CEO는 다른 예측을 제시한다.

"우리는 고객이 3D 프린터로 레고를 제작할 수 있는 시스템을 만들 것입니다. 3D 프린터의 출현을 위기가 아닌 기회로 바꿔 성인 시장을 공략하면 됩니다."

레고라는 기업을 위기에서 건져올린 리더의 통찰력은 많은 것을 생각하게 만든다. 실제로 많은 기업들이 변화라는 화두 앞에서 몸부림을 친다. 그런데 그 변화가 기업의 뿌리를 흔들기도 한다. 레고의 리더가 오랜 시간을 이어온 레고의 정체성을 무시한 채 변화를 시도했다면 레고는 지금 어떻게 되었을까? 물론 변화는 기업의 존속에 매우 중요하다. 특히 시장을 주도해 나가야 하는 기업의 경우 끊임없이 변화를 시도해야 한다. 다만 변화의 주체를 정확하게 파악하여 고유한 정체성을 지키면서 변화할 지점을 찾아가는 것이 통찰의 힘이다. GE는 변화를 주도함으로써 성장을 이어갔고, 레고는 본연의 고유성을 회복함으로써 회생했던 것처럼 CEO의 통찰은 기업의 생사를 결정한다.

실제 코닥 필름은 통찰력을 가지고 변화에 대응하지 못했기 때문에 문을 닫아야 했다. 그런데 그와 쌍벽을 이루던 후지 필름은 좀 달랐다. '변하지 않으면 망한다'는 절박함을 안고 혁신을 거듭했다. 그들의 정체성은 필름에 있었던 것이 아니다. 구시대 유물로 사라질 위기에 처할 필름은 레고 블록처럼 영감을 불러일으키는 것도 아니고, 누군가의 무한한 창의성을 자극하는 것도 아니었다. 그래서 그들은 수십 년간 필름을 만들면서 보유하고 있던 핵심 기술에 집중하고 그것을 응용하였다. 그들이 축적한 핵심 기술은 의외로 다른 산업에서 필요로 하는 기술과 접목이 가능했다. 바로 화장품 및 제약업이다.

필름 생산의 주재료는 콜라겐과 사진의 색깔이 변질되는 것을 막아주는 아스타키산틴이다. 이 재료는 화장품 제조에 사용되는 기능성 원료이기 때문에 이것을 사용하여 피부재생 및 노화방지 전문 화장품을 개발해낼 수 있었다. 또한 필름 제조를 통해 확보한 화학 합성 기술을 바탕으로 항인플루엔자 의약품 개발에 주력하여 전 세계적인 위협을 안겨준 에

볼라 바이러스 치료제를 개발하는 데 성공했다. 똑같은 필름 회사로 출발해 한 시대를 주름잡았던 코닥 필름과 후지 필름, 그들의 끝은 달랐다. 이처럼 리더가 자기 기업의 정체성과 가치를 명확하게 인지하고 사회의 변화와 필요를 꿰뚫어 보는 통찰력을 가졌는가에 따라 기업의 운명이 180도 달라진다.

insight
洞察力

HOW TO

통찰력을
얻는 법

1장
연결하라

1장
연결하라

정보를 연결하라

　수백 년 전의 일이다. 한 여성이 조국의 청년들이 전쟁터에서 제대로 된 치료 한번 받지 못하고 목숨을 잃고 있다는 소식에 분연히 일어났다. 간호장교로서 전쟁터에 뛰어든 용감한 여성의 이름은 알다시피 플로렌스 나이팅게일이다. 나이팅게일은 생명을 구하겠다는 사명감으로 간호사의 길을 걸었는데, 크림전쟁 당시 현장을 방문하고는 깜짝 놀랐다. '이 많은 젊은이들이 전쟁터에서 총칼에 맞아 쓰러진 것이 아니었구나.'

　전쟁으로 인한 사망자보다 질병으로 인한 사망자가 더 많다는 사실에 충격을 받았던 것이다. 그때 나이팅게일은 생각했다. '왜 이렇게 많은 젊은이들이 질병으로 죽을까? 이렇게 높은 사망률을 보이는 이유는 무엇일까?'

충탄이 오가는 전쟁터에서 그녀는 이런 의문에 사로잡혔다. 아무도 의문을 갖지 않고 벌어진 결과를 수습하기에 급급한 현장에서 나이팅게일은 의문을 갖고 그 이유를 파헤쳐보기로 결심했다. 즉 병사들이 죽는 원인을 상세히 조사해 보기로 한 것이다. 하루 종일 병사들을 간호하고, 밤이면 병사들에 대한 자료를 모았다. 어떤 병사가 어떤 원인으로 죽음에 이르렀는지, 한 사람 한 사람의 사례를 모아 데이터화하였다. 수천 개의 데이터가 모아진 후 나이팅게일은 그 자료를 분석하기 시작했다. 어릴 적부터 수학과 통계를 좋아했던 그녀는 모은 자료와 경험을 바탕으로 재능을 발휘했다.

수집한 자료를 분석한 결과 놀라운 사실을 발견했다. 병사들의 사망원인이 대부분 무기로 인한 것이 아니라 세균 감염에 의한 병사였던 것이다. 비위생적인 환경과 치료로 인해 면역력이 약해진 병사들이 세균 감염으로 결국 죽음에 이르렀다.

나이팅게일은 이 조사 결과를 주둔군 사령관에게 보냈다. 그것은 곧 영국 타임지로 보내졌으며, 영국 여왕에게까지 전달됐다. 빅토리아 여왕은 그 소식을 듣고 나이팅게일을 만난 뒤 관련 약품과 간호사를 보내는 등의 조치를 취해 병상의 병사들이 위생적인 돌봄을 받도록 했다. 그러자 놀라운 일이 벌어졌다. 42%에 달하던 사망률이 단 2%로 줄어든 것이다. 나이팅게일은 이 일로 백의의 천사라 불리는 인물이 되었다. 사실 나이팅게일은 오늘날로 보면 데이터 분석가라고 할 수 있다. 그녀는 아무도 관심을 갖지 않던 현상을 발견하고 자료들을 모아 분석하고, 거기에서 유의미한 사실을 알아냈으며, 그 통찰을 바탕으로 근본적인 문제 해결 방법을 찾아냈다.

많은 이들이 21세기를 빅데이터의 시대라 부른다. 넘쳐나는 데이터와 정보들로 정신을 차릴 수 없을 정도다. 그러다 보니 어쩌면 우리의 일거수일투족이 기록으로 남겨질 수도 있다. 그러나 무엇보다 중요한 것은 그 데이터들의 활용이다. 구체적이고 방대한 데이터를 목적에 맞게 분석하고, 거기에서 유의미한 사실을 찾아내어 목적을 이루도록 연결하는 능력, 이것이 바로 21세기, 사물인터넷 시대의 핵심 능력이다.

국가수리과학연구소의 박형주 소장은 4차산업혁명 시대를 어떻게 살아야 할 것인지를 설명하면서 나이팅게일의 사례를 예로 들었다. 즉 그녀가 발휘한 정보 연결의 힘을 지적한 것이다. 그녀는 정보의 가치와 힘을 알고 있었기 때문에 자신이 발견한 정보를 수집하여 설득력 있는 자료로 만들어 사람들의 마음을 움직였다. 그녀는 사건이나 문제를 각각의 단편적인 사건이나 문제로 본 것이 아니라, 그것들을 전체적인 시각으로 연결하는 통찰력을 발휘했다. 그래서 반복적으로 일어나는 현상을 데이터로 축적하여 빅데이터로 만들고 분석하였다. 그 결과 아무도 몰랐던 근본적인 문제를 밝혀내어 수많은 젊은이들의 목숨을 구하고 인류발전에 기여할 수 있었다. 이것이 바로 연결을 통한 통찰력의 힘이다.

우리가 살고 있는 시대는 변화무쌍하다. 매일 새로운 정보가 생겨난다. 넘쳐나는 데이터의 홍수 속에서 살아남는 것이 현대인의 경쟁력이라고 말한다. 현 시대의 리더들은 데이터, 정보, 지식, 사람을 연결하여 의도와 목적에 맞게 활용하는 능력이 현대인에게 가장 필요한 능력이라고

입을 모은다. 이 능력이 다른 말로 하면 통찰력이다. 의미 없는 정보들을 연결하여 유의미한 사실을 발견하는 통찰력을 가진 사람, 바로 현대 기업들이 찾는 인재이다.

빅데이터를 활용하라

2016년, 다보스 포럼의 가장 큰 관심사는 4차산업혁명이었다. 지금 우리가 살고 있는 시대를 4차산업혁명 시대라고 부른다. 1차산업혁명은 증기기관의 발달로 시작되었고, 2차산업혁명은 전기 개발로, 그리고 3차산업혁명은 정보기술의 발달로 시작되었다. 그리고 지금 인공지능과 사물인터넷으로 시작된 4차산업혁명 시대로 접어들었다. 보이지 않는 디지털 세계가 이제 보이는 세계로 들어온 것이다. 정보기술의 발달로 지식이 더 이상 한 개인의 소유물에 머물지 않고 인터넷이나 SNS를 통해 전 세계에서 동시에 공유하는 것이 되어 버렸다. 이 때문에 이제 지식을 많이 가지고 있는 것이 장점이나 경쟁력이 될 수 없는 것이다. 대신 생각하고 판단하는 의사결정 능력이 더 중요한 경쟁력이 되었다. 현상을 꿰뚫어 보고, 예리한 감각으로 정보들을 연결하여 최상의 결과를 이끌어내는 통찰력이 가장 강력한 경쟁력이 된 것이다.

---

1) 〈4차 산업혁명, 새로운 미래의 물결〉 참고 및 인용

¹⁾4차산업혁명 시대는 모든 계산이 즉각적으로 이루어지는 고도의 인공지능, 현실과 구분이 어려울 정도의 가상현실, 기계가 서로를 인식하여 연결되는 초연결성이 특징이라고 한다.

예를 들어보자. 다보스 포럼에서 관심사로 떠오른 중요한 미래 기술 중에는 알파고를 비롯한 인공지능 로봇, 3D 프린터 기술, 빅데이터, 비트코인과 블록체인 기술 등이 있었다.

다른 것들은 한 번쯤 들어봤을 테지만, 블록체인은 생소하게 느껴질 것이다. 블록체인은 공공거래장부라고 불리는 기술력이다. 기존의 금융회사에서 거래를 할 경우 중앙 서버에 거래를 기록하기 때문에 해킹을 당할 경우 막대한 손해를 본다. 그런데 블록체인은 네트워크에 참여하는 모든 사용자에게 거래 내역이 저장되며, 거래를 할 때마다 이를 대조하여 데이터의 위조를 막는 방식을 사용한다고 한다. 이 기술을 사용하는 데 비트코인이란 온라인 가상 화폐가 사용되는데, 이 기술을 사용하면 비트코인을 사용하는 여러 컴퓨터가 10분에 한 번씩 기록을 검증해서 해킹을 막는다고 한다. 사물인터넷 시대가 열렸기에 가능한 일이다. 또한 방대한 데이터를 활용해서 기존의 시스템을 획기적으로 개선한 사례라 하겠다. 비트코인이 인터넷과 같이 대중적으로 보급되면 더 이상 현물이나 현금은 별 의미가 없을 지도 모른다. 거의 온라인 화폐가 통용되는 시대가 올 수도 있다는 뜻이다. 물론 아직은 이 기술에 대해 다양한 의견이 있지만 말이다.

여기서 말하고 싶은 핵심은 이러한 기술들이 새롭게 생겨나게 된 기반이 빅데이터란 점이다. 블록체인 기술이 가능한 것도 거래 내용이 빅데이터화 되기 때문이다. 빅데이터 시대가 펼쳐지면서 일각에서는 지식의 종말이 왔다고 말한다. 사물과 인터넷이 결합된 사물인터넷 시대에서는 기계가 서로 소통하며 데이터를 분석하는데, 사람이 아무리 죽어라 공부해서 지식을 쌓아도 그것을 따라가지 못할 것이기 때문이다. 그래서 지금 시대에는 지식보다 데이터의 활용 능력이 더 중요하다. 블록체인 기술도 방대한 빅데이터를 어떻게 연결시킬 것인지를 생각하다가 얻은 통찰의 결과 아닌가.

얼마 전 포브스의 발표에 의하면 세계에서 가장 부자로 꼽힌 인물은 아만시오 오르테르 자라였다. 그는 패션 브랜드 'ZARA'를 이끄는 수장이다. 몇 년 동안 계속 빌 게이츠가 부동의 1위를 차지하고 있었는데, 일반 젊은이들이 합리적인 가격에 구매하는 평범한 의류업체의 CEO가 어떻게 세계 1위의 부자가 될 수 있었을까? 그것은 이 회사가 빅데이터를 철저하게 분석하여 소비자가 원하는 것을 정확하게 찾아낸 후 바로 제품과 연결했기 때문이다. 자라는 원래 패션 업계의 선두주자도 아니었고, 유명 디자이너를 확보하고 있는 회사도 아니었으며, 유통망이 뛰어나지도 않은 중저가의 그저 그런 브랜드였다. 그런데 어느 날부터 자라는 빅데이터를 사용하여 소비자의 소비 패턴과 취향을 본격적으로 연구하기 시작했다. 그리고 그 데이터가 가리키는 방향에 맞게 제품과 유통망을 바꾸었다.

오르테르 회장이 직원들에게 소비자의 생활방식을 분석하도록 지시했을 때, 패션쇼에 가서 가장 최신의 멋진 옷을 파악하라는 뜻이 아니었다. 그들은 실제 소비자들이 추구하고 원하는 바를 데이터로 분석했다. 또한 그들은 빠른 실행을 위해 분석한 데이터를 바탕으로 하루에 세 개 정도를 디자인한 후, 그중 하나만을 골라 샘플을 만드는 방식으로 분석한 데이터를 제품화하는 시간을 단축했다. 그렇게 매주 새로운 제품을 매장에 공급하기 위해 전 직원이 발 빠르게 움직였다. 남녀 누구나 일상적으로 입을 수 있는 편한 옷을 최신 디자인으로 가장 합리적인 가격에 자유롭게 선택할 수 있도록 만든 것이다. 그들은 이렇게 소량 다품종 생산 시스템을 구축했다.

이런 과정을 거쳐 전 세계에 있는 자라 스토어에는 2주에 한 번 최신 디자인의 옷이 공급되었고, 분석한 데이터를 48시간 이내에 제품으로 만들어 소비자의 필요를 정확하고 신속하게 반영하였다. 그 결과 자라는 세계 최고의 패션 업계로 자리매김할 수 있었다. 자라는 '소비자의 바람이 즉시 구현되는 디자인을 한다.'는 비전을 바탕으로 처음 빅데이터 분석을 시작했다. 이처럼 현시대는 방대한 데이터를 어떤 관점에서 분석하여 어떻게 활용하느냐가 기업의 성패를 가른다. 이러한 사례를 보더라도 과거의 경험을 현재의 상황에 연결하여 미래를 정확하게 예측하는 능력, 즉 통찰력이 지금과 같은 4차산업 시대에 매우 중요한 능력임을 실감한다.

빅데이터는 이뿐 아니라 사람을 파악하는 데도 유용하게 활용될 수 있다. 조직에서 가장 중요한 것은 사람이다. 어떤 사람을 채용 하느냐에 따라 업무의 질과 결과가 확연히 달라지기 때문에 기업마다 HR의 중요성이 거듭 강조되고 있다.

[2]사람에 대한 통찰력을 빅데이터로 얻을 수 있다는 연구 결과가 발표됐다. 최근 보고서에 따르면 빅데이터를 활용하여 인재를 분석한 사례들이 많이 있다. 프린터 업체 제록스는 HR 데이터를 바탕으로 기존 직원들의 특성과 성과를 분석하고 그것을 채용 전략에 반영했다. 제록스는 콜센터 직원들의 조기이직률이 너무 높아 고민이었다. 신입사원 교육으로 1인당 5천 달러 가량의 비용이 투자되는데 교육 후 금방 이직해 버리는 관계로 회사로선 상당한 손해를 입고 있었다. 이에 제록스는 콜센터 직원들 중 성과가 우수하고, 장기 근속하는 직원들을 대상으로 인적 자료를 수집하고, 설문조사를 통해 성격 특성도 파악했다. 이 데이터를 기초로 '가장 이상적인 콜센터 직원 특성'이라는 보고서를 냈는데 결과는 예상 밖이었다.

이전 직장에서의 근무 경험은 별로 영향을 미치지 않았고, 성격 유형, 창의성 등이 입사 후 근속기간 및 성과에 가장 큰 영향을 미치는 것으로 나타났다. 제록스는 이 분석을 토대로 직원을 선발할 때 성격테스트를 시행했고, 그 결과를 기준으로 잠재력이 높은 그룹, 보통 그룹, 낮은 그룹 등으로 구분한 뒤 잠재력이 높은 그룹을 중심으로 선발했다. 결과가 어땠을까? 이 제도 시행 6개월 만에 조기이직률이 이전의 오분의 일 수

---

2) LG경제연구원 '사람에 대한 통찰력 데이터 분석으로 높인다' 뉴스와이어, 2012 10.28 http://www.lgeri.com

준으로 낮아졌다. 이와 같이 기업이나 조직이 인재의 등용에 빅데이터를 활용하면 어마어마한 유익을 얻을 수 있다.

과연 21세기는 빅데이터의 시대다. 기술의 발달 속도나 데이터의 축적 속도가 점점 더 빨라지고 있다. 현재 7년마다 지구상의 지식이 2배로 증가한다고 한다. 즉 인간의 능력으로는 그 지식의 증가 속도를 따라잡을 수 없다는 뜻이다. 이 말은 곧 인간의 학습 방식이나 교육 방식이 모두 바뀌어야 한다는 사실을 의미한다. 그러면 인간은 어떻게 변해야 할까? 인간은 데이터들을 연결하고 통합하는 통찰력을 개발해야 한다. '과거의 경험과 현재의 상황을 연결하고 분석하여 미래에 얻을 수 있는 최고의 결과를 예측하는 능력'인 통찰력을 개발해야 하는 것이다.

아는 것들을 새롭게 연결지으라

'21세기는 지식전수형 교육의 종말이 올 것입니다. 지금까지 지식기반 사회라는 말이 통용되고, 지식인이란 표현도 많이 사용되었지만 이제 지식의 시대는 저물고 있다고 생각합니다. 왜냐하면 지식의 총량이 너무 많아졌고, 그 지식 또한 수년 내에 교체될 확률이 높아졌기 때문입니다. 즉 지식의 유효기간이 짧아졌습니다. 하루가 다르게 새로운 지식이 생겨나기 때문에 이제는 '어떤 것을 고를 것인가'라는 가치 선정의 문제가 더 중요한 시대가 되었습니다. 방대한 데이터 속에서 무엇을 볼 것인가를 결정하는 것이 관건입니다. 다시 말해 가치를 볼 수 있는 힘이 곧 통찰이

고, 통찰은 곧 지식과 정보를 연결하는 힘입니다.'

[3]4차산업혁명 시대에 우리는 어떻게 생존할 것인가를 다룬 다큐에서 박형주 소장이 했던 말이다. 통찰의 정확한 의미를 짚어주었다고 생각한다. 그의 말처럼 더 이상 무엇을 많이 알고 있는 것이 중요한 시대가 아니다. 관련 있는 것들을 어떻게 연결하여 시너지 효과를 낼 수 있는지, 관계없는 것들을 어떻게 연결시켜 새로운 것을 만들어낼 수 있을지가 더 중요해졌다.

그렇다면 무엇을 어떻게 연결을 해야 할까? 앞서 통찰에 대한 정의를 내리며 아는 것을 재구성하라는 말을 했었다. 아는 것들을 연결하기 위해서는 스스로 어떤 것을, 얼마나 알고 있는지를 파악하는 것이 중요하다. 또한 데이터와 데이터가 서로 어떤 연관이 있는지를 면밀하게 살펴봐야 한다. 박형주 소장은 연결의 중요성에 대해 말하며 이러한 사례를 들었다.

미술품 위작 감정사와 수학자 그리고 과학수사관, 이 세 가지 직업인들 사이에는 공통점이 있다. 겉으로 보기에는 아무 연관이 없어 보인다. 한 사람은 예술 관련 종사자이고, 또 한 사람은 학교에서 연구만 하는 사람, 또 한 사람은 수사 현장을 누비는 사람이 아닌가. 그런데 이들 사이에 어떤 연결고리가 있다는 것일까?

---

3) kbs 다큐 〈4차산업혁명시대, 우리의 생존전략〉 3부작 참고

미술품의 진품과 위작을 가려내는 일은 고도의 관찰력을 요구한다. 예술적 소양은 당연히 갖춰야겠지만, 위작 감정사는 기본적으로 알고리즘에 대한 수학적 이해를 갖추고 있어야 한다. '이게 뭔 소리야?'하겠지만 사실이다.

얼마 전 한 미술관에서 반 고흐의 진품을 가려내는 도전을 다큐멘터리로 만들었다. 이 도전에 참여한 팀은 총 여섯 팀이었다. 다섯 작품은 진품이고 한 작품은 가짜였는데, 가짜를 가려내는 이 도전의 최종 우승팀은 수학자 팀이었다. 도브시 교수가 이끄는 수학자 팀이 고흐의 위작을 가려내는 일을 성공했던 것이다.

"어떻게 위작과 진품을 구분하셨습니까?"

"간단합니다. 그림의 정보를 수학적 알고리즘으로 분류했을 뿐입니다."

도브시 교수 팀은 수학적 이론을 바탕으로 문제를 풀어나가는 집단이었다. 그들은 알고리즘에 대한 지식을 가지고 있었는데, 그것은 어떤 조건에 부합한 정보를 분류해내는 것이었다. 도브시 팀은 알고리즘을 이용해 위작을 가려내기로 했다. 그들이 기준으로 잡은 포인트는 '주저함'이었다.

"고흐는 작품을 그릴 때 어떤 영감을 받아 일필휘지로 그렸을 겁니다. 반면 위작자는 원작과 똑같이 그리기 위해 더 신경을 썼을 것이고, 그 과정에 주저함이 있었을 것입니다. 그 주저함을 숫자로 정량화하는 것이죠. 저희는 원래 있던 이론을 사용해서 그림을 계속 윤곽과 세부사항으로 나누는 작업을 했습니다. 원작자는 윤곽과 세부사항으로 나누는 단계가 짧죠. 일필휘지로 그리니까요. 하지만 모작자는 계속 주저하기 때문에 그 단계가 계속 아래로 내려갑니다. 그것을 잡아내면 됩니다.”

도브시 팀은 그림을 계속 분류해 나갔다. 윤곽과 세부사항, 또 윤곽과 세부사항으로 나누는 일을 해나가면서 일찌감치 그 과정이 끝난 그림이 원작이라고 확신했고, 끝까지 나누어지는 작품을 위작이라고 판단했다. 결과는 주효했다. 프로젝트를 의뢰한 박물관 측은 이러한 방법에 놀라움을 표시했고, 박물관의 다른 작품들도 모두 같은 방법으로 진위 여부를 가려냈다. 놀랍게도 그 확률이 99%가 넘었다.

이러한 방식은 과학수사의 대명사인 지문 대조에도 사용된다. 증거물로 확보된 지문을 대조하려고 하면 5억 개의 데이터와 비교해 봐야 한다. 아무리 직업의식이 투철한 사람이라도 5억 개를 직접 비교할 수는 없다. 이때 이용되는 것이 도브시 팀이 했던 방법이다. 윤곽과 세부사항을 나누어 비교해 보면 결국 몇 백 개 정도 일치하는 지문이 나온다. 그때 탐문수사 등을 벌여 범인을 검거한다고 한다. 이렇게 미술품 위작 감정사와 수학자, 과학수사관은 각자 다른 일을 하지만 비슷한 경험과 정보를 서로 연결함으로써 직업 간 교류가 충분히 가능하다. 즉 다른 분야에서 자신에게 필요한 능력을 가져와 자신의 분야에서 더 특출한 능력을 발휘할 수 있다.

이처럼 연결을 통해 최상의 결과를 이끌어내기 위해서는 먼저 자기가 가지고 있는 정보와 데이터가 무엇인지를 잘 알아야 한다. 그리고 데이터를 파악한 뒤엔 그 정보가 주는 의미를 이해해야 한다. 그 의미만 파악해도 이미 좋은 통찰이 된다. 그러면 그 통찰을 여러 방면으로 활용할 수 있다. 예를 들어 나의 취향을 파악해서 영화를 추천해 주는 앱, 채팅 대화에서 상대방의 감정 상태를 분석해 주는 앱 등도 이러한 통찰을 활용한 것들이다.

얼마 전 서울시에서 시행한 올빼미버스도 서울 시민들의 생활패턴을 분석한 빅데이터를 바탕으로 내놓은 정책이다. 업무상 야근을 하는 시민들이 부담스러운 택시비 때문에 어려움을 호소하자 서울시는 안전한 귀가와 편의를 위해 심야버스 운행을 고려했다. 하지만 심야버스는 워낙 이용객이 한정되어 있어서 적자를 떠안아야 했다. 서울시는 이 문제를 빅데이터를 활용하여 해결했다.

먼저 서울시의 교통 데이터와 KT의 요일별/시간대별 유동인구 빅데이터를 활용하여 최적의 노선과 배차 간격을 알아냈고, 거기에 KT의 통화량 데이터를 바탕으로 실수요를 예측했다. 그리고 이를 통해 일부 구간을 조정한 뒤 최종적으로 올빼미버스 노선을 확정했다. 데이터가 주는 의미를 파악하여 연결하니 적자 걱정 없이 하루 평균 6천 명의 승객이 편리하게 이용하는 고마운 버스가 되었던 것이다. 이렇듯 데이터가 주는 의미를 찾아 연결할 때, 문제를 해결할 수 있는 놀라운 통찰력을 얻을 수 있다. 얼마 전 천재 바둑기사 이세돌을 물리친 알파고를 개발한 이에게 다음에는 어떤 도전을 해보고 싶은지 물었다. 그러자 그는 방대한 빅데이터를 활용해 앞으로 더 자주 닥쳐올 이상기후를 예측하고 싶다는 포부를 밝혔다. 과연 자신감 넘치는 계획이었다. 2017년 3월 '4차산업 시대에 리더들이 가져야할 리더십은 무엇인가' 라는 질문을 던진 매일 경제 기자의 질문에 대해 유혁 고려대학교 컴퓨터정보통신대학원 학장은, "모든 산업이 융합되고 변하는 지금 지도자의 통찰력에 따라 기업 및 조직의 생사가 달렸다."며 아래와 같이 강조했다.

"모든게 연결되는 4차산업 시대에 가져야 할 가장 중요한 리더십은 '통찰력'이라고 할 수 있습니다. 각 분야의 리더들, 특히 최고 경영층이 가져야 할 가장 중요한 리더십은 통찰력이라고 할 수 있습니다. 4차산업혁명 시대에는 기존의 사업 모델이 파괴되고, 산업 분야의 융합이 급속히 일어납니다. 예를 들어 요즘 네이버에서 자율주행차를 연구하고 있습니다. 자동차 회사가 아닌데 말입니다. 과거에는 상상도 할 수 없는 현상입니다. 이러한 영역 파괴와 융합 앞에서, 지도자의 변화에 대한 통찰력이 어느 때보다 절실하게 요구되고 있습니다."

이처럼 지금은 모든 사업이나 사물들을 소프트웨어나 정보통신과 연결하는 능력을 가진 인재와 리더가 산업을 주도해나가고 있다. 앞으로도 당분간은 이러한 연결점을 찾아내어 변화와 혁신을 만들어내는 통찰력 있는 사람이 산업과 사회를 이끌어 갈 것이라는 것은 의심의 여지가 없다. 이처럼 앞으로의 시대는 빅데이터를 활용할 수 있는 통찰력을 지닌 사람이 진정한 리더가 되어 사회를 이끌게 될 것이다.

1. 알고 있는 것은 무엇인가

① 가장 자신 있는 분야는 무엇인가?

_____

_____

_____

② 가지고 있는(모으거나 축적한) 자료는 얼마나 되나?

_____

_____

_____

③ 더 축적하고 싶은 데이터는 무엇인가?

_____

_____

_____

④ 4차산업 중 어느 분야에 관심이 많은가?

① 인공지능 ② 로봇 및 드론 ③ 사물인터넷(IOT) ④자율주정차 ⑤ 3D프린팅 ⑥ 나노기술
⑦ 생명정보 분석 ⑧ 인공의료 및 생명과학 ⑨ 빅데이터 분석 ⑩ 핀테크

2. 데이터의 의미 찾기

① 자신이 가진 데이터는 어느 분야의 데이터인가?

_____

_____

_____

② 자신이 가진 데이터가 의미하는 바는 무엇인가?

_____

_____

_____

③ 데이터를 어떤 분야에 활용하면 더 큰 시너지가 날까?

_____

_____

_____

3. 지식과 정보 공유하기

① 자신이 가진 정보와 가장 연관이 있는 지식 또는 정보는 무엇인가?

_____

_____

_____

② 나의 정보와 다른 정보를 어떻게 연결할 수 있는가?

_____

_____

_____

③ 다른 사람(팀)에게 데이터의 활용도에 대한 조언을 구한 후 통찰을 적어
　보라.

_____

_____

_____

4. 연결을 통한 발견

① 나의 데이터와 정보를 실생활에 어떻게 접목시킬 수 있는가?

_____

_____

_____

② 연결된 데이터를 어떻게 나의 일과 꿈과 성장에 활용할 수 있을까?

_____

_____

_____

③ 향후 더 축적하고 연구할 정보와 데이터는 무엇인가?

_____

_____

_____

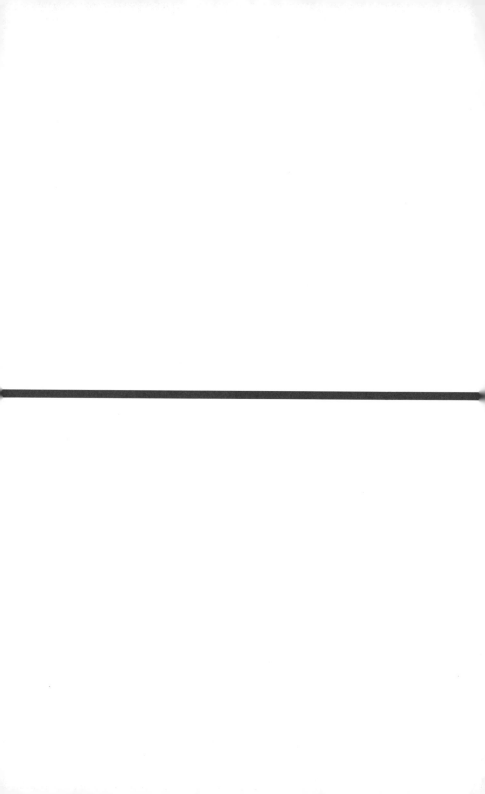

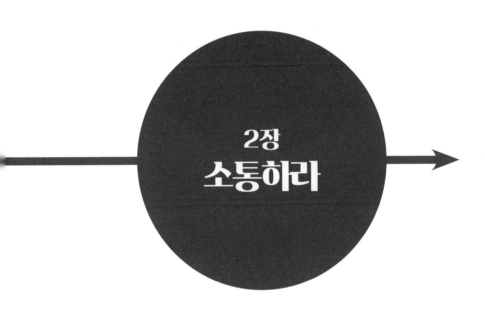

2장
소통하라

2장
소통하라

경험을 확장하라

경험은 통찰과 연관이 깊다. 다시 말해 경험이 없거나 부족할 때 날카로운 통찰이 나오기 힘들다는 말이다. 그러므로 경험의 부족은 통찰을 막는 큰 장애물이다. 『통찰의 기술』이라는 책에서도 통찰을 방해하는 주된 요인으로 경험 부족을 꼽고 있다. 배경지식이 많을수록 다른 사람이 보내는 신호에 민감해져서 통찰을 갖기 쉬워지는 것이다.

통찰은 다양한 경험의 토대 위에서 일어난다. 경험이 많고 다양할수록 더 많은 아이디어와 응용력이 생긴다. 우리는 대부분 크고 작은 실패와 성공을 거듭하면서 지혜와 더불어 상황을 꿰뚫어 보는 능력을 갖게 되기 때문이다. 따라서 누구든지 크고 작은 성공과 실패의 경험이 쌓이고, 그것을 사색하고 성찰하는 과정을 거치면 통찰력을 높일 수 있다. 그래서 옛 어른들이 도전 앞에서 두려워하는 젊은이들에게 '실패는 사서라도 하라'고 조언했을 것이다.

풍부한 경험을 가지는 방법 중 하나는 취미 활동을 하는 것이다. 돈이 많이 드는 것이든 적게 드는 것이든 상관없이 누구나 자신의 상황에 맞는 것을 택하여 새로운 경험을 쌓을 수 있다. 또한 취미 생활은 만남의 폭도 확장시켜 주는데, 그렇게 만난 사람들을 통해 간접경험을 쌓을 수도 있다. 이렇게 많은 경험을 쌓다 보면 자신도 모르게 탁월한 솔루션으로 연결되는 통찰력을 소유하게 될 수 있다.

한편 미래학자 앨빈 토플러는 미래에 대한 통찰력을 가지려면 독서를 하라고 말한다. 책은 누군가의 지식과 지혜를 모아 놓은 것이기에 우리가 직접 경험할 수 없는 것들을 간접적으로 경험할 수 있게 해준다. 최근 몇 년간 우리나라에 불고 있는 인문학 강연 열풍도 이러한 욕구에서 비롯된 것이라고 볼 수 있다.

틀을 깨고 나와라

통찰을 가로막는 또 하나의 벽은 '틀'이다. 여기서 말하는 틀은 경직된 사고방식이나 획일화된 조직 등을 일컫는다. 우리는 종종 편협한 사고방식이나 조직문화의 틀에 갇힌다. 경직된 사고방식, 자신만의 고집, 잘못된 신념과 가치 등은 우리의 통찰을 가로막는 대표적인 것들이다. 내 지식과 경험 같은 나에게 익숙한 것에만 사로잡혀 어떤 현상이나 사람의 이면을 보지 못하는 것이다. 이런 사람들은 공감능력도 떨어진다. 상대가 하는 말이나 행동의 이면적인 감정이나 의도를 읽을 수 없기 때문이다. 그러면 마음이 통하는 소통은 이루어질 수 없다.

소통의 단절은 부족한 경험을 만회할 수 있는 기회를 제한한다. 자기만이 옳다는 생각, 다른 사람은 필요 없다는 생각, 다른 사람이 잘못되었다는 생각, 나만 살고보자는 이기심, 상처받은 마음, 미움, 불안감, 두려움, 혼란 등과 같은 부정적인 틀에 자신을 고정시키면 생각의 폭이 좁아진다. 이런 사람들은 보통 긍정적이지 않고, 다른 사람의 입장을 이해하는 능력도 떨어진다. 이런 사람과의 대화에서는 어떤 통찰도 일어나기 힘들다.

획일화된 조직도 통찰력을 방해한다. 광속도로 기술이 발전하고 고객의 선호도가 날로 다양해지는 가운데 조직이 경직되면 소통이 막히고, 통찰력은 떨어진다. 경직된 조직이란 관료적인 조직을 말하는데, 관료적인 조직의 특징은 권력이 상층부에 집중되어 있어서 무슨 일이든지 상층부의 지시 하에 수행된다는 것이다. 그러므로 구성원들의 자율권이 제한되고, 구성원들은 생각 없이 수동적으로 일하게 된다. 이런 조직에서 일은 체계적인 시스템에 따라 진행된다. 따라서 어떤 변동이 있거나 섬세한 조절이 필요할 때 유연하게 대처할 수 없게 된다. 현장에서 간단히 처리하면 될 문제가 골든타임을 놓치는 바람에 치명적인 타격을 주기도 한다. 이런 조직에서는 아무리 통찰력이 뛰어난 사람도 무능해지기 쉽다. 알아서 일을 처리했다가는 되레 경질이나 질책을 받기 때문에 가만히 있는 것이다.

예를 들어, 배관을 바꾸는 작업을 한다고 하자. 현장에서 예상과 다른 상황이 벌어진다. 땅의 구조가 달라 현장에서 배관의 종류를 바꿔야 한다. A재료로 할지, B재료로 할지, 아니면 아예 다른 선택을 할지를 현장에서 결정해야 한다. 그런데 획일화된 조직의 피라미드 시스템에서는 이런 의사결정을 위해 윗선까지 보고가 올라갔다가 내려와야 한다. 행여 의견이 엇갈리면 안건이 오르락내리락하면서 시간이 낭비된다.

획일화된 조직의 틀을 과감히 깨서 구성원들이 독립적인 선택을 할 수 있는 시스템이 되면 기업은 훨씬 더 좋은 성과를 낼 수 있다. 시간 절약은 물론이고 선택에 대한 책임과 효율성까지 얻게 되는 것이다. 더구나 지금 사물인터넷 시대가 열리고 있다. 이로 인해 현장에서 분산형 의사결정이 가능하게 되었다. 연결된 기계들이 서로 소통하면서 상황에 맞게 의사결정을 할 수 있게 된 것이다.

조직은 끊임없이 업무를 나누고 성과를 공유해야 하는 곳이다. 그래서 구성원간의 긴밀한 의사소통이 이루어져야 하는데, 현실은 보이지 않는 조직의 틀이 이런 소통을 가로막고 있다. 그 와중에 탁월한 인재들이 새로운 아이디어를 자유롭게 표현하지 못하여 낙담하고 있다.

어느 기업에서 신제품 출시를 앞두고 상품개발 프로젝트 팀이 꾸려졌다. 상사는 부하들에게 아이디어를 쥐어짜내라고 다그친다. 그런 상황에서 부하들이 자유롭게 아이디어를 내놓기는 힘들 것이다.

"기존의 행사와는 달리 대상을 바꿔보면 어떨까요?"

"흠… 예전에도 그런 기획이 있었던가?"

"그건 잘 모르겠습니다."

"그래? 그럼 위험부담이 높아지잖아. 실수를 최소화해야 돼."

이런저런 위험요소들을 걷어내면 어떤 도전이나 파격도 어려워진다. 조직은 언제나 예측 가능하고 눈으로 볼 수 있는 결과를 원한다. 그러나 통찰은 계획된 것이 아니라 즉흥적인 한 순간의 번뜩임이다. 그러나 실제 경영진은 새로운 아이디어를 요구하면서도 예측 가능하고 안전한 아이디어만 수용하는 경향이 있다.

세상을 편리하게 만들어준 '제록스 914'복사기가 그랬다. 혁신적인 아이디어에 경영진은 고개를 갸웃거렸다고 한다. '과연 될까…' 예측 불가능한 것에 대한 두려움이 있었을 것이다. 하지만 예측 불가능한 혁신을 추구했을 때 그 결과는 놀라웠다.

변화와 혁신, 유연성이 생명인 4차산업 시대에 우리나라의 많은 조직들은 여전히 경직된, 수직적 조직 형태를 띠고 있다. 이러한 조직들은 다가오는 새로운 시대에 살아남기 위해 이제 자유와 도전, 나눔과 수용의 분위기를 조성해야 한다.

공감하며 경청하라

『부족 리더십』을 펴낸 데이빗 로건 박사 팀은 10년간 25개 기업의 직원 2만 4천 명을 대상으로 소통이 잘 되는 조직에 대한 연구를 진행했다. 말이 문화수준을 결정한다는 가정 하에 진행된 연구로, 그들은 조직에서 자주 사용하는 언어를 기준으로 조직문화를 다섯 단계로 나누었다. 그런데 연구 결과가 아주 흥미롭다.

전체의 2%에 해당하는, 1단계 조직문화에 속한 사람들은 극단적인 말을 많이 사용했다. 즉 '젠장', '부수다', '못 한다', '자르다' 등과 같은 부정적이고 극단적이며 적대감이 섞인 말을 많이 사용했다.

25%에 해당하는 2단계 조직문화에 속한 조직들도 1단계 조직문화에 머문 조직들과 비슷한 양상을 보였다. 다만 조금 더 자신과 관계된 말이 많다는 차이점이 있었다. '보너스', '인생 포기', '그만두다', '일이 꼬인다.' 등 주변과 단절된 생활태도가 언어를 통해 나타났고, 다른 사람에 비해 자신에게 운이 따르지 않는다는 믿음이 있었다.

전체의 49%에 해당하는 3단계 조직문화에 속한 조직들은 구성원들이 개인주의적인 언어를 많이 사용했다. 즉 '나', '내가', '직장', '갖다' 등 자신이 중심인 말들에는 '나는 대단하지만, 너는 아니다'는 의식이 담겨 있었다.

그런데 4단계 조직문화에 속한 조직의 말은 확연이 달랐다. '우리', '우리 팀', '헌신과 가치' 등과 같은 말을 사용하며 구성원들이 생각과 의사를 공유하고 있었다. 나 중심이 아닌 우리 중심이었던 것이다. 그리고 마지막으로 5단계 조직문화에 속한 조직의 말은 우리를 넘어선 의식수준을 반영하고 있었다. '인생은 대단해', '세상은 아름답다' 등 같이 세상을 순수하게 바라보며 경쟁자는 염두에 두지 않았다. 전체의 단 2%의 조직만이 여기에 속했는데, 이 조직의 구성원들은 인류의 조화와 상생을 의식하고 있었다.

조사 결과를 통해 알 수 있듯이, 소통의 도구인 말은 조직에서 매우 중요하다. 성장하는 조직의 기본 조건은 '말'에 있다. 필자도 코칭 회사를 경영하기 때문에 일 속에서 직원들과 부딪힐 때가 많다. 일이 너무 바쁠 땐 설명 없이 지시만 하기도 하는데, 그러면 안 된다는 것을 알면서도 시간을 아끼기 위해 어쩔 수 없이 그렇게 할 때가 있다. 그런데 그럴 때 십중팔구 뒤탈이 생긴다. 그 업무를 왜 해야 하는지 이해하지 못한 상태에서 일방적인 지시를 받아 기계적으로 일을 하다보면 중간에 일이 꼬이거나 기대와 다른 결과가 나오기 마련이다. 문제가 생긴 뒤에 수습을 해도 일을 한 사람이나 지시한 사람 모두 기분이 나쁘다. 그러면 당연히 1단계나 2단계 조직문화에서 보이는 부정적이고 적대감에 쌓인 말이 나올 수밖에 없다.

'젠장, 일이 꼬이네.'

이런 과정을 겪으면서 철저하게 느낀 것은 일을 할 때는 상대방의 입장에서, 상대방의 언어로 표현하고, 반드시 상대방이 제대로 이해했는지를 확인해야 한다는 것이다. 시간은 좀 더 걸리지만 그런 단계를 거치면, 일이 훨씬 효과적으로 진행되며 완성도 높은 결과를 얻을 수 있다. 따라서 리더가 일을 잘 하면서 구성원들과 좋은 관계를 유지하려면 자신의 언어 습관부터 점검해 보아야 한다.

경청과 피드백

말과 함께 소통지수를 높이는 방법은 경청과 피드백이다. 사실 경청과 피드백만으로도 통찰을 얻을 수 있다. 민중과 함께하며 미국 흑인인권운동의 상징이 된 마틴 루터 킹 목사는 짧은 생애를 살면서 세계를 아우르는 인권운동을 전개해 나갔다. 만만치 않은 반발에 지혜롭게 맞선 그의 전략은 빛나는 통찰의 결과였다. 마틴 루터 킹 목사의 리더십에 대해 연구한 도널드.T. 필립스는 그에 대해 '상대를 설득하기 전에 먼저 상대의 말을 듣고 이해하려고 애썼다.'고 평가했다. 실제로 그는 경청의 달인이었다. 자신의 설교를 들으러 몰려오는 사람들에게 먼저 그들의 이야기를 하게 했다. 즉 '당신들이 원하는 것은 무엇입니까? 어떤 것이 가장 당신들을 힘들게 합니까? 왜 그렇습니까?'라고 물으며 먼저 민중의 이야기를 들으려 한 것이다. 평화적 인권운동을 펼쳐 나가는 과정에서 많은 압력과 비난, 과격한 백인집단의 위협도 받았지만 그런 소리를 하나도 놓치지 않았다. 그가 존경받는 리더가 될 수 있었던 것은 이러한 경청의 능력 때문이었다.

현대 사회에서도 탁월한 리더는 경청의 달인이다. 연설로 유명한 지도자들은 모두 경청과 피드백에 능숙하다. 그들은 상대방이나 대중의 말뿐만 아니라 태도, 감정 등까지도 아주 세밀하게 관찰하며 경청한다. 그리고는 그들의 필요에 민감하게 대처하며 자신이 하고 싶은 말을 한다.

경청은 상대방이 말하지 않는 것까지도 듣고 상대방이 그것을 표현하도록 돕는 능력을 말한다. 사람들은 말을 할 때 말뿐 아니라 눈빛, 목소리의 높낮이, 손짓, 몸짓, 태도 등 다양한 방법으로 소통한다. 어떤 학자들은 대화할 때 말로 전달되는 것은 7%에 불과하고 나머지는 다른 수단

들로 전달된다고 말한다. 그러므로 대화를 할 때 그 이면에 숨겨진 의도를 찾아내려고 노력하지 않으면 낭패를 보기 쉽다. 말에는 경험, 기억, 사고방식 등 많은 것들이 녹아있어 여러 가지 방식으로 표출되기 때문이다. 우리가 이 사실을 알고 상대방의 숨은 의도를 빨리 파악할수록 옳은 피드백을 줄 수 있는 것이다. 다음은 코칭에서 강조하는 상대방 중심의 경청 방법이다.

상대방 중심의 경청 방법

경청의 종류	방법	적용하기
눈 마주보기	이야기하는 동안 상대방의 얼굴을 바라보며 집중하기	상대방의 눈과 얼굴을 바라보며 집중한다.
거울 되어주기	상대방과 비슷한 자세로 맞추기	상대방의 자세와 동작에 맞춰 같은 자세와 동작으로 공감을 만든다.
음조 맞추기	상대방 말에 음조와 호흡을 맞춘다.	말할 때 호흡이 빠른지 느린지, 음조가 높은지 낮은지를 파악하여 그것에 맞춘다.
요약 반응	상대방의 말을 요약하고 반복하는 반응	상대방이 말을 하는 중간 중간에 핵심단어를 요약하여 들려주며 확인시켜 준다.
침묵 지키기	상대방이 충분히 말할 수 있게 기다림	상대방이 충분히 이야기할 때까지 조용히 기다려 준다. 잠시 침묵의 시간이 흘러도 기다린다.

3F 경청기법

기본적인 경청 방법을 넘어 통찰력을 강화시킬 수 있는 경청기법으로 3F경청기법이 있다. 3F란 Fact, Feel, Focus를 말한다. 즉 사실을 관찰하고, 감정을 느끼며, 의도를 간파하는 경청이란 뜻이다. 먼저 'Fact'는 말 그대로 상대방이 말하는 사건이나 상황을 사실에 입각해서 객관적으로 듣는 것이다. 만일 말을 듣는 사람이 편견에 사로잡혀 있다면 말에만 온전히 집중하여 객관적으로 듣기 힘들어진다. 그러면 자기 식으로 판단하거나 지레짐작하여 다른 의미로 해석하게 되는데, 그럴 경우 상대방으로부터 '내가 말한 것은 그런 뜻이 아닌데…'라거나 '아니 그게 아니라…' 등의 저항에 부딪히게 된다.

3F 경청

경청의 종류	방법	적용하기
Fact - 사실경청	이야기하고 있는 사실이 무엇인지 파악	상대방이 말하는 중요한 상황, 사실, 사건 등이 무엇인지를 파악한다.
Feel - 감정경청	상대방의 감정이 어떤 지 느끼기	상대방의 감정은 어떤 지를 느끼며 이에 맞게 반응한다.
Focus - 의도경청	상대방의 숨은 의도가 무엇인지 파악	상대방이 말하는 진짜 의도, 상대방의 숨겨진 탁월함 등을 파악하여 확인한다.

상대방이 이야기하는 사실을 객관적으로 인식하지 못하면 결국 잘못된 반응으로 오해를 사거나 실수를 하게 된다. 말에서 사실을 파악하기 위해서 던져할 질문은 다음과 같다.

- 어디서 일어난 일이지?
- 언제 생긴 일이지?
- 어떤 상황인 거지?
- 누구와 연결된 거지?
- 얼마나 진행된 거지?

다음으로 'Feel'은 상대방의 감정 상태가 어떤 지를 민감하게 느끼고 공감하는 것이다. 말하지 않는 상대방의 진짜 감정을 파악하는 것으로 슬픈 지, 기쁜 지, 편안한 상태인지, 불안한 상태인지 등을 정확하게 알아야 공감할 수 있다. 그렇기에 공감은 참으로 쉽지 않은 일이다. 상대방의 감정을 파악했다면 다음과 같은 공감의 표현을 할 수 있다.

- 말씀을 들어보니 이해가 가네요.
- 그럴 때 정말 마음이 힘드시군요.
- 실망이 크셨군요.
- 와, 얼마나 기쁘시겠어요.
- 저도 공감합니다.

– 그 말씀을 들으니 저도 마음이 아프네요.

– 얼마나 걱정되시겠어요.

마지막으로 'Focus'는 상대방의 의도를 간파하는 것이다. 이것은 사람에 따라 가장 고난이도로 여겨질 수 있다. 왜냐하면 사람들이 진짜 원하는 것을 파악하기 위해서는 직관과 통찰이 필요하기 때문이다. 이를 위해서는 상대방의 말을 통합해서 스스로 유추해 보고, 미진한 부분을 질문한 뒤 대답을 들으며 분별해 내는 고도의 작업이 필요하다. 이에 비하면 감정을 알아내는 것은 오히려 쉽게 느껴진다.

상대방의 의도를 명확하게 알아내려면 그 사람의 욕구, 목적, 성격, 강점, 가치, 신념, 습관 등 다양한 것을 유추할 수 있어야 한다. 그 모든 것을 짧은 대화를 통해 알아내는 것은 쉽지 않지만, 상대방의 말을 집중해서 경청하면 직감적으로 알아챌 수 있다. 직관적으로 알아채는 것이 어렵다면 추가 질문을 통해서 상대방이 말하게 할 수도 있다. 예를 들면 다음과 같은 질문은 상대방의 가치나 의도를 알아내는데 유용하다.

– 진짜 하고 싶은 일은 무엇인가요?

– 그것을 이루려고 하는 진짜 이유는 뭔가요?

– 그것을 하면 누구에게 가장 유익이 되나요?

– 그것을 하지 않으면 어떤 일이 일어나나요?

– 그것이 이루어지면 어떤 기분이 들까요?

의도를 파악하면 상대방의 동기와 열정을 알 수 있다. 사람들은 모두 마음속에 선하고 좋은 의도를 가지고 있기 때문에, 그것을 알아주고 지지해 주는 사람을 만나면 에너지를 발산한다. 때때로 상대방 스스로 자신의 진짜 의도나 동기를 인식하지 못하고 있는 경우가 있다. 그래서 그것은 진심으로 관심을 가지고 경청하는 사람에게만 드러난다. 때때로 자신의 진짜 의도와 반대로 행동하거나 말하는 경우가 있는데, 예를 들면 직장에서 상사가 부하를 질책할 때이다. 상사는 진짜 그 부하가 밉거나 싫어서 엄하게 질책하는 것이 아니라 일을 더 완벽하게 하려는 의도에서 그럴 경우가 많다. 그래서 언성을 높여 화를 내거나 야단을 치고 나면 곧 후회를 하게 된다. 일의 완성도를 높이고 성과를 이끌어내는 것이 진짜 의도인데, 조급한 마음에 순간적으로 질책하거나 화를 내는 등의 행동을 하고 마는 것이다. 그럴 때 부하는 당연히 상사의 진짜 의도를 파악하지 못하고, 상사가 자신을 미워하거나 무시해서 그런 것이라고 오해한다. 이때 만일 상사가 부하에게 자신이 원하는 것을 정확하게 말해 준다면 부하는 어떻게 반응할까? 반대로 부하도 상사의 진짜 의도가 단지 일을 더 완성도 있게 마치려는 것이라는 걸 안다면 어떤 반응을 보일까? 분명 대화는 전혀 다른 방향으로 흘러갈 것이다. 아마 대화는 보다 편안하고 서로 존중하는 가운데 함께 더 효과적인 결과를 이끌어내는 것으로 마무리될 것이다.

이와 같이 소통을 할 때 3F, 즉 상대방이 말하는 사실, 감정, 의도를 파악하며 경청하고 반응한다면 상대방에게서 최대한의 좋은 결과를 이끌어낼 수 있다. 이렇게 서로 존중하는 대화는 자유로운 분위기를 만들며 다양한 아이디어와 전략들이 나오게 만들어 주기 때문에 통찰을 얻는 데 매우 유리하다.

피드백의 기술

경청과 함께 코칭의 3대 기술에 해당하는 것이 피드백이다. 이 역시 소통에서 매우 중요하다. 피드백만 잘해도 소통이 매우 활발하게 이루어지기 때문이다. 코칭 프로그램을 진행할 때 상대방의 말에 적절한 피드백만 해주었는데도 놀라운 성과가 나타났던 경우가 많다. 의외로 많은 사람들이 그들의 말에 적절한 반응만 해줘도 예상외의 능력을 발휘한다.

피드백은 한쪽에서 보낸 신호에 대한 반응이다. 우리 말 중에 '개떡같이 말해도 찰떡같이 알아듣는다.'라는 말이 있다. 피드백에 대한 적절한 표현 아닐까 싶다. 소통에 있어 피드백은 대화를 심도 있게 만들어 주는 역할을 한다. 피드백에는 세 가지 종류가 있는데, 그것은 동기와 행동을 강화시키는 칭찬 피드백, 수용과 공감을 위한 인정 피드백, 행동변화를 촉구하는 교정 피드백이다. 피드백이 언뜻 보면 쉬운 것 같지만, 자칫 선을 넘으면 역효과를 낼 수도 있다. 그러므로 꾸준한 연습이 필요하다. 다음과 같은 피드백의 기술은 상대방의 변화는 물론 조직의 변화까지 이끌어내는 통찰의 기회를 제공한다.

피드백의 종류	방법	적용
칭찬 피드백	진정성을 가지고 인정과 칭찬을 해주되, 겉모양이나 결과뿐 아니라 과정도 칭찬하기	- 와, 좋아보여요. 그거예요 정말 대단해요 - 그렇게 말(행동)한 건 참 잘한 일 같아요 - 진심으로 잘했다는 말을 해주고 싶어요
인정 피드백	상대방을 있는 그대로 인정해 주어 자신의 가치를 인식하고 긍정적인 자아상을 갖도록 돕는다	- 내가 보니 OO처럼 보이네요 - 내가 느끼기에는 OO가 느껴집니다. - 조언이나 충고는 금물!
교정 피드백	감정에 빠지지 않고 중립적 자세로 올바른 방향을 잡도록 피드백 해주기	- 수고많았어요. 이 부분을 좀 더 빨리 하려면 어떻게 하는 게 좋을까요? - 지금까지 잘해 주었는데 좀 더 정확하게 하려면 어떤 것부터 보완해야 할까요?

소통은 말을 많이 하는 게 아니다. 상대방의 언어를 이해하고 상대방의 언어로 대화하려고 노력하는 것이다. 충분히 공감하는 소통 속에서는 대화에 참여하는 사람 모두에게 통찰이 일어난다. 그것은 마치 어두운 창고에서 더듬거리며 물건을 찾고 있었는데 갑자기 문이 열리면서 창고 가득 빛이 쏟아져 들어와 명료하게 볼 수 있게 되는 것과 같다.

질문을 사용하라

코칭 리더십이 여타 리더십과 다른 것은 질문이라는 기술을 사용한다는 것이다. 코칭은 '모든 사람은 자기 안에 이미 답을 가지고 있다.'는 신념에서 만들어진 리더십 개발 방법이다. 따라서 코치는 상대방이 스스로 자신의 잠재력을 깨닫고 그것을 발휘하여 당면한 문제들을 풀어나가도록 돕는 사람이다. 그래서 코치를 '질문하는 사람'이라고 부르기도 한다. 코치는 상대방이 자신의 존재이유나 가치를 깨닫게 하거나 상대방의 시각을 바꿀 필요가 있을 때 강력한 질문을 사용한다.

이런 질문을 할 때 코치에게 가장 필요한 것이 바로 직관과 통찰이다. 통찰력이 있어야 효과적이고 강력한 질문을 만들어낼 수 있기 때문이다. 그리고 앞서 말한 것과 같이 날카로운 통찰은 상대방의 말을 깊이 경청할 때 일어난다.

질문은 상대방의 생각을 밖으로 표현하게 하고, 상대방이 지식과 경험을 통합하여 최적의 선택을 하도록 도우며, 상대방에게 통찰력과 열정을 불러일으켜 행동하게 만들고, 상대방의 감정과 의식을 바꾸어 준다. 좋은 질문은 좋은 답을 이끌어내기 때문이다. 좋은 질문은 에너지와 힘을 주고, 변화와 성장을 일으킨다. 그렇기 때문에 한국코치협회와 ICF는 '질문이란 고객이 코칭관계에서 최대한의 유익을 얻도록 필요한 정보를 노출시키는 것'이라고 정의하고 있다.

사람들에게 질문을 하면 좋은 점이 많다. 우선 상대방이 대답하는 동안 여유를 가지고 다음 대화를 준비할 수 있다. 또한 상대방이 다음 대화를 위한 정보들을 주기 때문에 대화가 활발해지고 풍부해진다. 그러나 무엇보다 질문의 가장 큰 효과는 상대방이 스스로 대안을 내놓고, 스스로 자신의 문제를 책임지게 만든다는 것이다. 보통 리더로서 대화를 이끌어나가다 보면 리더가 대안을 결정하고 책임지게 되는데, 질문을 하면 대답한 사람이 실행까지도 책임지게 된다. 또한 코칭의 철학처럼 질문에 대한 답으로써 스스로 찾아낸 대안이 그 사람에게 가장 적합한 방법으로 가장 좋은 결과를 만들어 내기 때문이다.

좋은 질문을 하는 탁월한 리더는 상대방이 큰 깨달음과 통찰력을 얻게 해준다. 그러나 질문의 내용이나 의도에 따라 상대방이 부정적인 방향으로 갈 수도 있고, 긍정적인 방향으로 갈 수도 있다.

"왜 최선을 다하지 못했나요?"

이런 질문을 받으면 어떤 생각이 떠오르는가? 대부분은 곧바로 핑계를 대고 싶어진다. "최선을 다했는데 이런저런 이유로 잘 안 되었다."고 말하고 싶을 것이다. 보통 자신의 문제보다는 주변 환경이나 시기, 타인의 협력 부족 등의 이유로 핑계를 댈 것이다. 이렇듯 '왜'라는 질문은 잘못 사용하면 추궁당하는 듯한 느낌을 주기 때문에 상대방이 방어적인 태도를 갖게 만든다. 그러므로 상대방이 긍정적인 태도를 가지고 가능성과 해결책을 찾게 하는 질문을 해야 한다. 다음은 그런 질문의 사례들이다.

- 현재 잘 작동되고 있는 것은 무엇입니까?
- 가장 효과적인 방법은 무엇인가요?
- 당신이 최선이라고 예상하는 결과는 무엇인가요?
- 지금부터 이 일을 바로잡으려면 무엇부터 해야 합니까?
- 이 일을 완전히 새롭게 할 수 있는 방법은 무엇입니까?
- 어떤 능력을 사용하면 이 목표를 이룰 수 있을까요?

한편 자기 자신에게 질문을 하는 것도 탁월한 통찰력을 불러일으켜 준다. 일이 잘 안 풀려 답답할 때, 뭔가 앞이 보이지 않고 혼란스러울 때, 누군가 효과적인 질문을 해준다면 분명 우리 내면의 풍부한 자원이 자극을 받아서 다양한 해결책을 찾을 수 있게 된다. 하지만 가끔 감당하기 힘들 정도로 사안이 복잡하거나 주변에 상의할 사람이 없을 때, 자기 자신에게 질문을 하고 스스로 답을 하는 과정은 큰 도움이 된다.

필자 또한 서두에서 밝힌 바와 같이 사업의 정체성과 미래에 대한 희망을 잃어가고 있을 때 조용한 곳을 찾아가 나 자신에게 질문을 던졌다. 주말마다 답답한 마음을 안고 산으로 올라가 자문자답하기를 1년간 지속하면서 서서히 공황상태에서 벗어날 수 있었다. 주말마다 산책을 하며 나 자신에게 질문을 던지고, 산과 하늘, 자연에게 귀를 기울이고 질문에 대한 답을 생각하며 길을 걷다 보면 섬광처럼 한 줄기 깨달음이 찾아오고 생각지 못한 통찰을 얻곤 했다.

일과 삶에 대한 통찰이 일어나면서 다시금 사업에 열정을 갖게 되었고, 사람을 내 마음대로 판단하거나 억지로 조종하려던 욕구를 멈추게 되었다. 그 산행의 마지막 통찰은 '내가 씨를 뿌리지만, 열매를 거두는 것은 내가 아닐 수 있다.'는 것이었다. 이 통찰로 인해 필자는 결과에 연연해하지 않고 지금의 일에 충실할 수 있었다. 내가 원하는 결과는 나의 노력만으로 되는 것이 아니라는 사실을 겸손하게 받아들이자 일의 과정을 즐기게 되었고, 그 과정에서 만난 사람들을 기쁘게 도우며 그 순간들의 행복을 느낄 수 있게 되었다. 이것이 바로 '자기 질문'의 힘이다.

한국 굴지의 기업을 일으킨 어느 회장님은 회의 안건에 대해서 다각도로 생각하게 만드는 질문을 던진 후 회의를 시작한다고 한다. 어느 날은 회의를 시작하기 전, '회사의 본질이 무엇이라고 생각합니까?'라는 질문을 임원진에게 던졌다. 그 질문을 들은 임원들은 당황해서 땀을 뻘뻘 흘리며 나름대로 이런저런 답변을 했지만 회장은 만족스러워 보이지 않았다. 이렇게 그 회장님은 항상 리더들이 미처 생각지도 못한 질문을 던져 며칠 밤을 잠 못 들고 고민하게 만든다고 한다. 게다가 그 질문은 포괄적이고 방대한 뜻을 함축하고 있어 질문의 의도를 파악하기 어렵다고 한다. 그러나 그 질문의 뜻을 이해하기 위해 계속 고민하는 사람은 결국 번개가 치는 것과 같은 통찰을 얻는다고 한다. 그때서야 '아, 회장님은 이런 생각을 하셨구나!'하고 놀라움을 금치 못한다고 한다. 또한 그러한 통찰이 곧 회사를 살리는 필살의 전략이 된다고 했다.

감성으로 다가가라

"우리 과장님 좀 이상해요. 다중인격자도 아니고 하루에도 열두 번씩 감정이 바뀌어요. 감정기복이 얼마나 심한지 웃으며 농담을 하다가도 갑자기 정색을 하며 심각해져요. 회의를 할 때는 누가 말 한마디 해도 까칠하게 대꾸하면서 자신은 모든 의견을 받아들일 준비가 돼 있으니 편하게 말하래요. 어느 감정에 장단을 맞춰야 할 지 모르겠어요. 이건 뭐 상사 기분 맞추러 회사 다니는 것도 아니고…"

사실 어느 회사든 이런 사연은 어렵지 않게 들을 수 있다. [4]정신과 전문의 양창순 박사가 기업의 중간관리자들을 대상으로 스스로의 감정에 대해 설문조사를 했는데 그 결과가 좀 놀랍다. 자신의 감정에 심각한 문제가 있다고 생각하는지 물었을 때 53%의 응답자가 그렇다고 대답했다. 뿐만 아니라 그렇지 않다고 대답한 사람들 중 상당수도 자신의 감정을 조절하는 데 어려움을 겪고 있다고 대답했다.

어떤 면에서 감정적으로 힘든지를 물었더니 '시기심과 경쟁심'이 50%를 차지하고 있었고, '분노감'이 33%, '우울감'이 16%였다. 경쟁으로 인한 시기심과 분노가 우울감으로 이어지는 패턴이 아닐까 싶다. 이 조사 결과는 아마도 일반적인 직장인의 감정 상태를 반영하고 있을 것이다.

---

4) 양창순 저 〈당신 자신이 되라〉 인용

또 다른 설문조사 결과를 살펴보자. [5]국내 대기업과 중소기업의 중간 관리자들(임원급)의 한국 사회에 대한 생각과 기업에 대한 생각을 조사한 것이다. 결과를 보면 그들은 한국 사회나 기업에 대해 그리 긍정적으로 평가하고 있지 않았다. 동시에 그들의 감정 상태 역시 건강하지 않다는 연구 결과를 볼 수 있다.

이 두 가지 조사 결과를 보면 기업 리더들의 감정지수에 빨간 불이 켜졌다는 것을 알 수 있다. 지나친 경쟁과 일에 대한 중압감 등 다양한 이유가 있겠지만, 중요한 점은 그들의 감정적인 문제가 조직 전체에 큰 영향을 끼친다는 것이다. 이는 당연히 '우리 몸의 피'와도 같은 역할을 하는 '조직의 소통'을 막히게 한다.

코칭 업계에서도 현재 기업 리더들을 대상으로 하는 감성지능 코칭이 활발히 이루어지고 있다. 감성지능에 대해 연구한 바론(Handley & Bar-On)은 미국 공군이 감성지능 평가 결과를 기준으로 핵심 리더를 선택한 결과 일의 능률이 3배나 올라갔고, 3백만 달러가 절약되는 효과를 거두었다는 사실을 근거로 감성지능 평가의 중요성을 강조했다. 또 루트걸스(Rutgers) 대학의 조직심리학과 교수 캐리 체미스(Cary Chemiss) 역시 15개 글로벌 기업에서 최고의 성과를 낸 임원 300명의 공통점으로 다섯 가지 감성지능이 매우 우수하다는 사실을 발표했다. 이처럼 감성지능의 중요성과 효과

---

5) 김태윤 박성민 기자 〈대한민국에서 임원으로 산다는 것은〉 중앙시사매거진 1321호, 2016.2.8 일자

는 계속해서 연구로 증명되고 있다.

감성지능이란 개념이 세상에 처음 알려진 것은 1980년대 미국의 심리학자 르우벤 바론 박사가 연구 결과를 발표하면서부터다. 그는 '어떤 사람은 감성이 풍부한데 어떤 사람은 냉철하다 그 요인이 뭘까?' '어떤 사람은 우수한 지적 능력을 타고 났지만 실패하고, 어떤 사람은 보통 재능을 타고 났지만 성공을 거둔다. 어떤 차이가 있을까?'라는 명제에 궁금증을 가지고 연구를 했다.

그는 이 차이의 해답을 감성지수에서 찾았다. 그리고 지능지수에 대응하는 감성지수를 계속 연구했고, 마침내 감성지수 검사 방법을 개발했다. 그는 이 연구를 통해 삶의 다양한 문제를 해결하는 과정에서 감성능력이 인지능력보다 훨씬 더 중요하다는 사실을 입증했다. [6]이 사실은 다양한 직업과 조직에 근무하는 사람들 중 감성지수가 높은 사람이 소득금액도 높다는 것을 밝혀낸 몸(Momm)의 연구나 창의성을 가지고 혁신을 주도하는 직원은 감성지수가 높다는 사실을 입증한 파케(Parke)의 연구를 통해서도 밝혀졌다.

사람들이 감성지수에 관심을 보이는 이유는 사회생활과 성공에 있어 감정의 교류와 지혜, 통찰력이 훨씬 더 중요하다는 사실을 알았기 때문이다. 한 예로 '젊은 경영자들의 모임'에 참여하는 회원들의 EQ를 측정했

---

6) (Momm at all, 2015).(Parke at all, 2015).

는데, 예상대로 톡톡 튀는 아이디어와 효율적인 경영으로 기업을 이끌어 가는 이들의 감성지수는 표준보다 훨씬 더 높게 나타났다. 이들의 점수는 수백 개의 기업 직원들과 비교해도 높은 수준이었다. 그들은 특히 융통성과 기회를 알아보고 포착하는 능력이 뛰어났다. 더불어 언제든지 생각을 행동으로 옮길 수 있도록 준비되어 있었다. 또 하나는 효과적인 의사결정의 핵심 요소인 독립성을 갖추고 있었다.

스물 두 살의 청년 CEO 이야기를 잠깐 소개하겠다. 그는 창업 뒤 회사를 매출 2천만 달러가 넘는 회사로 키웠다. 또래보다 훨씬 더 많은 돈을 벌었으나 그에게는 한 가지 고민이 있었다. 중요한 사안이나 문제를 상의할 역할 모델이 없는 것이었다.

그는 '젊은 경영자들의 모임'에서 제공하는 '멘토 프로그램'에 문을 두드렸다. 멘토 프로그램은 스물두 살의 젊은 백만장자에게 조언해 줄 수 있는 연륜 있는 선배 기업인(매출 1억 달러 규모의 기업을 경영하는 CEO 중)을 연결시켜 주는 프로그램이었다. 그는 본인보다 많은 경험을 가진 멘토들로부터 필요한 조언을 들을 수 있었고, 그것을 바탕으로 스스로 결정을 내렸다. 그 청년 사업가가 타인의 말을 경청할 수 있는 높은 감성지수를 지녔기 때문에 가능한 일이었다.

'젊은 경영자들의 모임'에서는 CEO의 감성지수에 관한 연구를 진행했는데, 그중 하나로 창의적인 사람으로 손꼽히는 사람들의 EQ-i 검사를 실시했다. 온타리오 주에서 급속도로 성장하는 기업의 CEO 그룹이 그 대상이었는데, 감성지수 검사 결과 '젊은 경영자들의 모임'을 대상으로

한 검사 결과와 거의 일치했다. 그들은 높은 감정지수를 활용하여 기업을 급속도로 성장시키는 사업적 통찰력을 발휘했다.

빛나는 통찰력을 가진 사람들은 어떤 특징이 있을까? 우선 공감능력이 뛰어났다. 그들은 리더로서 조직원들의 말을 잘 듣고 마음을 읽을 줄 알았다. 또한 자기긍정능력이 뛰어났다. 그들은 자기 자신에 대한 확신을 가지고 자신의 강점을 잘 활용할 줄 알았다. 그리고 그들은 자신의 주장이나 입장을 주변 사람들에게 알리는 능력이 뛰어났다. 설득 없이 사람들에게 억지로 복종을 강요하지 않았다. 이러한 부드러운 공감능력과 확실한 의사표현, 열린 소통이 조직에 활력을 불어넣고 성공을 촉진한다.

다음 질문들에 대답해 봄으로써 자신의 감성능력이 어느 정도인지 측정해 보자.

'나의 재능이나 성향, 성품에 대해 어느 정도 자신감을 가지고 있는가?'

'어떤 상황이 벌어졌을 때 내 속에서 일어나는 감정 변화를 정확히 알고 있는가?'

'다른 사람의 의견에 좌지우지 되지 않고 스스로 선택할 수 있을 정도로 독립적인가?'

'내가 세운 목표를 달성하기 위해 충분히 노력하고 있는가?'

'나는 조직 내에서 의견을 솔직하게 표현하고 있는가?'

'다른 사람의 말을 잘 들어주고, 상대방의 말이나 표현에 적절히 반응하고 있는가?'

'내가 속한 조직, 사회, 국가의 발전을 위해 노력하며 책임의식을 가지고 있는가?'

'다른 사람들과 친밀한 관계를 유지하며 내 생각과 감정, 정보를 전달하며 소통하는가?'

'스트레스에 대해 적절하게 반응하고 대응하고 있는가?'

'화가 날 때 그 감정을 통제할 수 있는가?'

'주관적인 생각이나 판단을 객관적인 자료나 정보를 통해 확인하려고 노력하는가?'

'환경이나 조건이 변했을 때 그 변화에 신속하게 대처할 준비가 되어 있는가?'

'문제가 발생했을 때 즉시 파악하고 최선의 해결책을 찾아내는가?'

'내가 사는 세상이나 내 생각을 긍정적으로 받아들이는가?'

'함께 있는 것을 즐기고 개인적으로도 재밌게 살려고 노력하는가?'

필자는 기업 리더들을 코칭할 때 그들의 내면 상태를 이해하기 위해 감성평가를 먼저 실시한다. 그리고 그 평가 결과를 토대로 강한 부분은 잘 살리면서 약한 부분을 끌어올리기 위한 전략을 세운다. 조직의 리더들에게 감성능력의 중요성을 설명하면 처음에는 거의 거부반응을 나타낸다. 조직에서 일을 하면서 개개인의 감정을 주고받는 것 자체가 불필요하다는 것이다. 이는 강력한 리더십으로 기업을 이끌어야만 경쟁에서 살아남을 수 있다는 리더십에 대한 왜곡된 인식 때문이다. 지금은 사람들이 먹고 살기 위해 개인의 가치나 행복을 희생하는 시대가 아니다. 모두가 자신의 기분과 감정을 알아주며 존재가치와 즐거움, 행복 등을 살려주는 리더가 있는 회사에서 일하고 싶어한다. 아무리 높은 임금과 훌륭한 복지로 좋은 직원을 확보한다고 해도 개인의 가치나 기분을 알아주고 살려주지 않으면 그들은 언제든지 미련없이 나갈 수 있다. 그래서 아무리 좋은 회사라도 좋은 리더가 없는 조직에서는 직원들의 이직율이 놀라울 정도로 높은 것이다. 직원들은 상사에 대해 '말은 맞는데, 기분이 나쁘다'고 한다. 그래서 상사의 지시를 따르기는 하지만 그를 존경하지 않는다. 그래서 자신의 존재가치와 감정적인 정서를 알아주는 다른 리더를 만나면 언제든지 과감하고 신속하게 자리를 옮기는 것이다.

사람들을 효과적으로 이끌기 원하는 리더라면 자신의 감정과 생각을 인식하고 관리할 뿐만 아니라 타인의 감정과 생각도 정확하게 인식하고 관리해나가야 한다. 그것이 사람의 마음을 움직이는 감성 리더가 해야 할 일이다.

사람들은 일반적으로 자신의 단점을 보완하는데 많은 에너지를 쓴다. 하지만 어떤 회사나 조직이 누군가를 고용하는 이유는 그 사람이 지닌 장점 때문이다. 단점이 장점을 상쇄시킬 만큼 두드러지지 않는다면 단점을 보기보다는 장점을 기준으로 평가하여 상위평가자를 고용한다. 또한 리더는 직원들의 장점을 극대화하여 성과로 연결시키는 것이 주 업무라고 할 수 있다. 이것은 1998년대 긍정심리학에서 출발한 개념이다. 긍정심리학은 마틴 셀리그먼, 미하이 칙센트 미하이, 크리스토퍼 피터슨 등을 중심으로, 단점을 개선하는데 중점을 두었던 기존의 리더십 개발보다 강점을 강화하고 집중하는 리더십 개발이 더 큰 성공을 이루어낸다는 것을 강조하며 리더십 개발의 방향을 전환한 개념이다. 그러나 강점 리더십도 강점마저 약화시키는 치명적인 약점이 있다면 그것을 무시하지 않는다. 즉, 그 약점을 인식하고 개선하려는 노력이 반드시 뒤따라야한다. 그렇지 않으면 강점의 이점도 상쇄시켜서 전체적인 효율을 끌어내릴 것이기 때문이다.

앞장에서 설명한 부드러운 감성 능력이 체화되어 있으면서 조직과 사람에게 유익을 주는 명확한 강점을 가진 리더, 그런 리더는 틀림없이 탁월한 통찰력을 발휘할 것이라 추측된다.

한편, 지난 몇 년간 조직에서 성과 향상을 위해 실시하고 있는 프로그램 중 [7]A.I 기법이라는 것이 있다. 이 기법은 직원들에게 긍정적인 감정을 불러일으키는 요인들(성공의 순간, 성취감의 순간, 조직에 활력을 불어넣는 요소들 등)을 탐색하여 공유하게 하는 것이다.

'긍정혁명'이라고도 하는 이 기법은 조직에서 과거의 좋은 경험이나 앞으로의 긍정적인 모습을 함께 그리며 소통할 때 그만큼 발전할 수 있다는 원리를 기반으로 하고 있다. 이 기법은 기본적으로 사람의 부정적인 면보다는 긍정적인 면에 집중한다. 잘하는 것이 무엇인지 관찰하고, 그 강점으로부터 해결책을 찾아내는 것이다. 모든 사람에게는 잘하는 것과 못

---

7) Ludema "AI 기법" 2005년

하는 것이 있게 마련인데, 못하는 것에 시간을 허비하기 보다는 그 시간에 잘하는 것에 집중하면 과정이 즐거울 뿐만 아니라 더 가치 있고 좋은 성과를 만들어낼 수 있다는 이론이다. 다시 말해 자신이 잘하는 것, 성공을 이루어냈던 경험을 관찰해 본 뒤, 그때 사용했던 강점을 사용하여 현재의 문제를 해결하는 것이다.

긍정적인 결과를 만들어낸 상태를 상상하는 것을 긍정기법에서는 '꿈꾸기'라고 하는데, 이 꿈꾸기가 무척 중요하다. 목표가 이루어졌을 때를 상상하면 마음이 희망으로 가득 차고 자신감과 열정이 일어난다. 그래서 누구나 이러한 과정을 밟아 가는 동안 결과에 대한 염려와 실패에 대한 불안감 없이 할 수 있다는 자신감을 가지게 되는 것이다. 일단 희망과 자신감이 생기면 목표를 향해 행동할 수 있는 열정도 생긴다.

이러한 방법은 사람의 긍정적인 면에 집중하고, 강점을 사용하여 미래를 향해 나아가도록 이끌어 준다는 면에서 코칭과 일맥상통한다. 이렇듯 감성코칭, 긍정기법 등 최근의 리더십 개발 방법들은 사람의 긍정적인 면에 집중하여 무한한 잠재력을 활성화시키도록 돕는 것을 목적으로 한다. 그밖에도 공감기법, 소통기법, 갈등처리, 스트레스 해소, 치유 등도 모두 그 사람의 긍정적인 면에 집중하여 새로운 것에 도전하고 성과를 내도록 설계되었다. 또한 이러한 방법들은 통찰력을 탁월하게 올려주는 훈련들이라고도 할 수 있다.

소통하라

1. 코칭대화법

조직 내 소통을 원활하게 하기 위해서는 서로의 관심사와 이슈를 공유하는 과정이 필요하다. 상대의 관심사 또는 안고 있는 첨예한 이슈를 알고 나면 그것을 공감하고 다음단계로 나아갈 수 있도록 효과적인 질문을 해줄 수 있다. 질문 또한 나의 관심사를 듣기 위해서가 아니라 상대의 필요를 중심으로 목적에 따라 전략적으로 이루어져야한다. 이렇게 질문이 효과적으로 이루어지면 대화의 문이 열리고 직관과 통찰이 열리며 명확한 답을 찾을 수 있다. 아래 질문들을 상대나 상황에 따라 적합하게 적용하고 사용해보라.

1단계 _ 상대 이해하기

사람들과 대화를 나눌 때 마음의 빗장을 열게 해 주며, 상대방을 파악할 수 있는 단초를 제공하는 질문들이다. 가장 긍정적인 경험을 떠올려 함께 느끼고 그를 통해 강점을 그려 보고 내면의 힘을 느낄 수 있도록 이끄는 질문

① 인생에서 최고의 성공경험은 무엇입니까?

② 무엇을 했을 때 가장 만족스러웠나요?

③ 자신의 가치를 가장 잘 나타내주는 일은 무엇인가요?

④ 자신의 성공이 사람들에게 어떤 영향을 미쳤나요.

⑤ 그 성공의 파급효과는 무엇이었습니까?

⑥ 그것을 가능하게 한 당신의 강점은 무엇입니까?

⑦ 그 경험에서 얻을 수 있었던 점은 무엇입니까?

2단계 _ 변화에 대해 공감하기

변화관리가 필요한 사람이나 팀 구성원 스스로 변화의 필요성을 느끼게 하고 스스로 변화를 이루어내고자 하는 열정과 동기를 갖게 하는 질문

① 미래 가장 이루고 싶은 꿈과 목표는 무엇입니까?

② 자신의 삶을 완전히 바꾸는 위대한 목표를 세운다면 어떤 것을 정하고 싶은가요?

③ 지금과 완전히 다른 경험을 한다면 어떤 것을 하고 싶은가요?

④ 경쟁하는 삶이 아니라 기여하는 삶으로 변화하기 위해 무엇을 할 수 있나요?

⑤ 사람들의 기억에 어떤 리더로 남고 싶은가요?

⑥ 천년 후까지 영향력을 미칠 위대한 유산을 남긴다면 그것은 무엇이 될까요?

3단계 _ 역량 찾기

변화에 대한 열망을 찾은 뒤 그를 실현시켜줄 역량을 발견할 수 있도록 도와주는 질문

① 꿈과 목표를 이루기 위해 개발해야할 역량은 무엇이라고 생각하나요?

② 존경하는 인물이 잘 발휘한 강점은 무엇인가요?

③ 당신도 그 역량을 배운다면 어떤 비범한 리더십이 발휘될 수 있을까요?

④ 한 번도 사용한적 없는 획기적인 역량을 개발한다면 그것은 무엇인가요?

⑤ 그 역량을 발휘할 때 당신은 어떤 존재가 될까요?

⑥ 그 역량으로 다른 사람에게 어떤 기여를 할 수 있나요?

4단계 _ 실행 가능한 계획 세우기

목표를 이루고 역량을 개발하기 위해 바로 실행 가능한 계획을 세우도록 도와주는 질문

① 그 역량을 개발하기 위해 실행할 수 있는 계획은 무엇인가요?

② 또 다른 계획은 무엇인가요?(또? 또?)

③ 그중에 어떤 것을 먼저 실행해 볼 수 있나요?

④ 그 실행계획을 언제가지 지속하면 목표를 이룰 수 있나요?

⑤ 다른 계획에도 영향을 미치며 시너지가 가장 많이 나는 계획은 무엇인가요?

2. 감성소통법

긍정적인 경험을 함께 공유함으로 감성적 교감을 이루도록 돕는 소통의 방법

Q 내가 상상하는 긍정적인 미래의 모습을 상상해보자.

우리 조직(집단)이 그려갈 긍정적인 (성공적인) 미래의 모습을 그려보자.

_____

_____

_____

Q 나는 어떻게 변화 발전해 나가길 바라는가?

가장 이상적인 조직의 모습은 어떤 모습이라고 생각하는가?

그것을 위해 스스로 무엇을 기여할 수 있는가?

_____

_____

_____

Q 과거 우리가 함께 이루어간 성공의 순간, 가장 성취감이 높았던 때를 떠올려본다.

_____

_____

_____

Q 앞으로 우리 조직은 어떻게 변화해 나갈 것인가?
어떤 점을 보완해서 바꾸어 나갈 수 있을까?

_____

_____

_____

Q 조직에서 일하는 자신 (동료 등)이 지닌 최고의 장점은?
자신이 하는 일은 어떤 가치를 가지고 있는가? 조직에 어떤 영향을 끼칠까?

_____

_____

_____

3. 경청, 피드백 방법

경청 단계별 실습

1단계 - 이야기하는 동안 상대방 얼굴 표정 등 바라보며 집중적으로 경청하기

2단계 - 상대방과 똑같은 자세와 말투, 호흡을 맞추며 적절히 반응하기

3단계 - 상대방이 하는 말의 핵심단어만 간단히 요약해주기(단 자신의 의견 붙이지 않기)

_____

_____

_____

피드백 단계별 실습

1단계 - 상대방이 했던 일, 결과에 대해 조그만 것이라도 진심으로 칭찬해주기

2단계 - 상대방을 있는 그대로(슬프거나 기쁘거나) 인정해주기(조언이나 충고는 금물)

3단계 - 방향을 잡지 못할 경우, 어떻게 하는 것을 원하는지 질문하여 스스로 답을 찾도록
　　　　돕기

_____

_____

_____

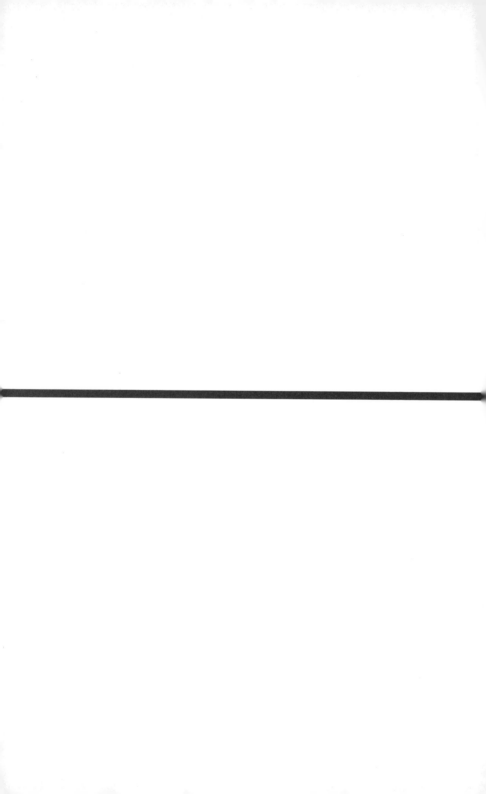

3장
관찰하라

3장
관찰하라

생각의 각도를 15° 옮겨라

직장인 B(30세, 여)씨는 7년째 자취 중이지만 계속 혼자 살 생각이다. 운 좋게 돈 많은 남자를 만나 결혼하면 몰라도 맞벌이와 육아를 떠안는 결혼생활이 그다지 행복해 보이지 않기 때문이다. 게다가 요즘은 혼자 사는 사람들을 위한 여러 가지 서비스나 상품들도 많아서 크게 불편하거나 무섭지 않다고 말한다(아시아경제 2016. 03. 11).

2015년 통계청에 의하면 우리나라 1인 가구는 전체 가구의 27%로 집계되었다. 최근 몇 년간 1인 가구가 급증한 것은 사회구조 변화와 개인의 가치관 변화도 요인이 되겠지만, 젊은 층의 고용 불안도 큰 요인이 된 것같다. 어쨌든 이러저러한 이유로 결혼은 줄어들고 이혼은 점점 더 늘어나면서 독신 인구가 늘어난 것이다. 이러한 사회현상에 따라 소비문화도 크게 변화되고 있다. 이 같은 사회 변화에 가장 먼저 발맞추어 성공한 제품이 바로 즉석 밥이다.

사실 전자제품이 발전하면서 밥도 쌀을 씻어서 전기밥솥에 넣고 버튼만 누르면 된다. 하지만 독신들은 그것조차 귀찮게 느껴질 때가 많다. 이러한 사람들의 욕구를 감지하여 그들의 부담을 덜어줄 획기적인 제품이 등장했는데 바로 즉석 밥이었다. 제품이 출시됐을 때 사람들은 즉석 밥이란 말에 고개를 갸웃거렸다. 과연 맛있을까? 밥을 데워 먹으면 맛이 없을 텐데… 등의 이유로 선뜻 구입하기가 망설여졌다. 하지만 그건 기우에 불과했다. 즉석 밥이라 불리는 것을 전자레인지에 넣고 2분만 돌리면 금방 한 밥과 같은 밥이 한 그릇 뚝딱 나왔다.

'아니, 이런 신통한 일이! 어떻게 이런 생각을 했지?'

때때로 밥하기 싫은 주부들은 물론 간단히 끼니를 해결하고 싶은 사람들은 모두 반색하며 즉석 밥을 반겼다. 2분만 투자하면 식사 문제가 해결되니 얼마나 획기적인가. 즉석 밥을 개발할 때는 이미 다른 즉석식품들이 많이 개발된 뒤였기에 좀 더 기발한 아이디어가 필요했다. '사람들이 원하는 제품이 무엇일까? 지금 이 시대가 원하는 제품은 무엇일까?'고민했다. 그때 생각의 각도를 조금 옮겨 보았다. 기존에 출시된 제품군에 없는 재료로 즉석식품을 만들 수 있는 것이 무엇일까를 생각한 것이다. 그러다 꽂힌 게 밥이었다.

'주식인 밥을 즉석식품으로 바꾸는 건 어떨까?'

알아보니 기술적인 면에서도 이미 충분히 개발 가능했다. 그런데 마케팅에서 걸리는 점이 있었다. 밥이라고 하면 사람들은 당연히 어머니가 해준 밥을 떠올리고, 밥은 곧 어머니의 정성과 보살핌을 상징하는데 즉석 밥이라니⋯ 주부들이 자신의 의무를 다하지 못한 것 같은 죄책감을 느낄 수 있다는 것이었다. 실제 제품 출시를 앞두고 마케팅 회의에서는 부정적인 반응들이 쏟아졌다. 그때 마케터들이 또 한번 생각의 각도를 바꾸었다. 금방 데워 먹을 수 있는 편리한 밥이 주는 부정적인 이미지를 다른 가치로 교환하기로 한 것이다.

'편리한 밥'에서 '금방 지은 맛있는 밥'으로 가치를 교환하자.

생각의 각도를 살짝 바꾸는 통찰력을 발휘한 것이다. 그 결과 즉석 밥은 제품 출시와 함께 불티나게 팔려나갔다. 주부들도 가족에게 편리한 밥이 아니라 맛있는 밥을 주는 것이니 미안한 마음이 들지 않았다. 즉석 밥이 전 세대에 걸쳐 인기를 끌게 된 것이다.

이 브랜드의 성공으로 지금은 즉석식품 분야가 엄청나게 다양해졌다. 요즘 마트에 가보면 바로 식사할 수 있도록 만들어진 제품들이 너무도 많다. 덕분에 사람들은 누구나, 언제든지 간편하게 맛있는 식탁을 차릴 수 있게 되었다. 이 [8]즉석 밥 사례를 통해 『생각하는 늑대 타스케』의 저자는 이렇게 말했다. "우리는 놀라운 생각을 접할 때 어떻게 저런 생각을 할

---

8) 마케팅 공화국 56회 33인의 독립세미나, 서재근의 강의 참조

수 있을까라고 생각하지만, 사실 그건 높은 수준의 생각이 아니라 다른 각도의 생각이다. 다른 각도로 생각하는 것을 즐겨야 한다. 생각이 생각을 만나 새로운 생각이 자라나게끔."

의외로 우리는 기존의 관념과 방식대로 생각하려는 경향이 강하다. 그래서 컵을 그려보라고 하면 위에서 내려다본 모습, 옆에서 본 모습 등 다양한 각도에서 그리는 게 아니라 무조건 정면에서 본 모습만 그리곤 한다. 하지만 통찰력은 생각의 각도를 달리할 때 생긴다.

'건물이 꼭 반듯해야만 할까? 물 흐르듯 곡선형 건물이 있다면 얼마나 아름다울까?'

건축계의 이단아라 불리우는 천재 건축가, 안토니오 가우디는 건물에 대한 생각의 각도를 옮긴 사람이었다. 그는 지금까지 우리가 보아온 기존의 건축물과는 완전히 다른 방식으로 건물을 설계했다. 기존의 건축물에서 느껴지는 감성을 뛰어넘으려 했던 것이다. 평소 해부학에 남다른 관심을 가졌던 그는 그 지식을 바탕으로 인체공학적으로 건축물을 디자인했다.

또한 건축 자재를 꼭 한정할 필요는 없다는 생각에 건축물을 타일이나 부서진 대리석, 병 조각 등으로 장식하여 세상에 단 하나밖에 없는 자신의 전매특허 건축물을 창조했다. 벽을 곡선으로 만들어 각 방마다 햇빛이 다르게 들어오도록 만드는 등 가우디는 생각의 각도를 옮겨 오늘날까지 유일무이한 건축가가 되었다.

이처럼 통찰력을 가지려면 생각의 각도를 바꾸는 연습과 시도가 필요하다. 생각의 각도를 바꾸는 것은 어떤 현상에 대해 '왜'라는 질문을 던지는 것이다. '왜'를 좇아가다 보면 꼭 그렇지 않아도 되는 이유와 다른 방법들이 떠오른다. 생각의 각도를 바꾸는 것은 기존의 방식대로 성급하게 결론을 내기보다 상황을 넓게 바라보고, 꼭 한 가지 답만 찾으려고 하지 않을 때 가능하다.

'왜 꼭 그렇게 생각하지?'

'정말 그 방법 외에는 없을까?'

이런 식으로 생각하며 현상의 본질을 파고들다 보면 여러 가지 경우의 수를 생각해낼 수 있게 된다. 즉 생각의 각도를 바꾸는 것은 아는 것을 새롭게 재구성하는 것이다. 사실 해 아래 완전히 새로운 것은 없다. 정말 맞는 말이다. 특히 지금 같은 빅데이터의 시대에는 굳이 세상에 없는 것을 만들어내지 않고, 쏟아지는 정보를 재구성하는 것만으로도 충분히 뛰어난 제품을 만들어낼 수 있다.

세기의 발명가라 말하는 과학자들도 완전히 새로운 아이디어를 만들어낸 것은 아니었다. 앞서 갔던 이들이 쌓아놓은 길을 따라가며 생각의 각도를 바꿔 재구성하는 과정에서 상대성 이론을 발표했고, 모나리자가 그려졌으며, 만유인력의 법칙이 탄생한 것이다. 그러므로 통찰력을 얻기 위해서는 이미 아는 것을 삐딱하게 바라보며 재구성 해보는 방법으로 생각의 각도를 옮기는 연습을 해야 한다.

사람들의 필요를 관찰하라

세계의 기업을 이끌어 가는 이들 중에 자수성가한 인재들이 꽤 많다. 우리가 잘 아는 마크 큐반, 모 이브라힘 등 현재 세계의 부를 좌우하고 있는 이들도 마찬가지다. 그들이 태생부터 기업가였던 것은 아니다. 평범한 직장인으로 사회에 첫 발을 내디뎠지만, 회사에서 자신의 기량을 펼칠 기회를 얻지 못하고 퇴사 이후 자신의 길을 걸었다. 그들의 입장에서 볼 때는 회사에서 나와 자신의 길을 간 것이 다행이었겠으나, 처음에 그들을 채용했던 회사는 어떤가? 장차 IT업계를 뒤흔들 인재를 놓친 셈이고, 미래의 석유 재벌을 놓친 꼴이다. 이처럼 조직에서 사람을 알아보지 못해 인재를 놓치는 것은 크나큰 손실이다. 그러므로 조직에서 인재를 알아보는 것은 사활이 걸린 중요한 문제이다.

춘추전국시대에 난세의 중심에서 '리더란 어떤 사람이어야 하는지'를 논하며 군주의 도를 설파하고, 삼천 명의 제자를 인재로 키워낸 리더가 있었다. '사람이 전부'라고 말하며, 사람이 자산이란 것을 2,500년 전부터 믿은 이는 바로 공자다. 시대가 변해도 공자의 인재 경영이 화두가 되고 있는 이유는 무엇일까? 왜 현대의 사람들도 공자에게서 인재 경영의 지혜를 빌리려고 하는 걸까? 진짜 인재를 분별해내는 식견, 평범한 인재도 귀한 인재로 길러내는 인재 육성법, 대세에 끌려가기보다 호의를 베풂으로 충성을 이끌어내는 내공, 공자는 평생 학문을 통해 이러한 인재 경영을 강조했다. 공자는 수많은 제자들을 가르치고, 여러 곳을 다니며

사람들을 많이 만나면서 사람 보는 눈을 키웠다. [9]그 중에 몇 가지 원칙
과 기준을 살펴보면 다음과 같다.

- 말만 듣고 사람을 믿지 않고 행동을 말과 대조해 보고 관찰한다.
- 행동만 보는 게 아니라 동기와 목적을 함께 살핀다.
- 인재에 대한 편견을 끊고 그가 가진 강점부터 찾는다.
- 책임지는 사람과 인기에 편승하는 사람을 구분한다.
- 가르치기보다 깨우치는 것에 중점을 둔다.
- 원칙주의자에겐 규범으로 설득하고, 현실주의자에겐 이해득실에 호소
  한다.
- 열정을 불러일으키기 위해 명령이 아닌 명분을 준다.
- 주인을 의식하게 만드는 게 아니라 주인의식을 갖도록 만든다.

그가 왜 인재 경영의 대가인지 알 만하다. 실제로 공자가 제자들과 나
눈 대화나 에피소드를 보면 사람을 보는 통찰력이 뛰어났음을 알 수 있
다. 그러한 통찰력은 학문적인 깊이 외에 사람을 중히 여기고 유심히 관
찰하는 습관에서 비롯되었다. 자로, 자공, 안회는 모두 공자의 사상에 영
감을 받은 인물들로 공자의 가르침을 받았는데, 공자는 세 사람에게 똑

---

9) 김성희 저 『용인술』 쌤앤파커스, 참고 및 인용

같은 가르침을 주지 않았다.

원리 원칙대로 모든 일을 행하던 자로에게는 규칙과 규범으로 설명하거나 설득했고, 사고가 유연했던 자공에게는 같은 사안이라도 이해득실을 따져 합리적으로 설득했다. 또한 사상적으로 동지였던 안회에게는 감성에 호소했다. 만약 공자가 제자들의 성향을 알아차리지 못해서 잘못된 방식으로 말했더라면 그들의 관계는 틀어졌을지도 모른다.

어느 굴지의 기업 사장은 자사제품의 세계화를 위해 자신의 시간 50% 이상을 세계를 직접 다니면서 자사제품을 관찰, 연구하거나 사용해 보는 데 투자한다고 한다. 그렇게 해서 만들어낸 제품들은 사랑을 받으며 세계적인 브랜드로 자리 잡았다. 그의 관찰은 너무나 철저해서, 영화 하나를 봐도 한 번은 관객의 입장에서 객관적으로 보고, 또 한 번은 감독의 입장에서 전체 구도를 보고, 한 번은 연출자의 입장에서 연기자의 움직임과 조화를 보고, 또 한 번은 음향감독의 입장에서 귀로 듣고, 한 번은 카메라감독의 입장에서 화면의 예술성을 본다고 한다. 이렇게 하나의 영화를 7~8회 정도 각기 다른 각도에서 주의 깊게 관찰하는 것이다. 이러한 그의 다각적인 관찰과 깊은 통찰은 일과 사업에도 그대로 적용되어 기업에 막대한 가치와 이익을 만들어 준다.

중국 춘추시대의 소문난 책사로 인정받는 제갈량은 함께 일을 도모하던 유비가 죽은 후 군신들을 모아놓고 이렇게 당부했다고 한다. "무릇 위정자는 중인들의 지혜를 모으고 널리 유익한 의견을 들어야 합니다. 혹여 작은 틈이라도 생겨 상호 소원해지거나 다른 의견을 들을 수 없게 되면 국가에 큰 손실을 입히게 됩니다. 다른 의견을 듣지 않고도 사리에 맞게 된 경우는 마치 헤진 미투리를 던져서 진수를 얻는 것과 같습니다. 하지만 사람의 마음이란 이를 매우 고통스러워하기 때문에 끝내 제대로 하지 못합니다. 우리 대신들 중에 서서만이 이 문제에 대해 전혀 소홀함이 없었습니다. 동화의 경우도 7년간 공무를 담당하면서 일이 이치에 닿지 않을 경우 다른 사람의 의견을 10번에 걸쳐 반문해 들은 다음 내게 보고를 했습니다. 서서의 십분의 일을 배우고 동화의 근면한 자세를 닮을 수가 있다면 거의 실수할 일이 없을 것입니다."

자기 생각보다 다른 사람의 생각을 읽는 것이 중요하다는 사실을 알았던 제갈량, 그가 왜 탁월한 책사였는지 엿볼 수 있는 대목이다. 그는 사람들의 다양한 입장을 생각해 보고 관찰해 봄으로써 탁월한 통찰력을 얻었던 것이다.

"창조는 재능의 문제가 아니라 과정의 문제입니다."

세계 최고의 혁신 기업이라 불리는 아이디오(IDEO)의 CEO, 팀 브라운의 말이다. 디자인 회사로서 세계에서 가장 혁신적인 기업이라 불리는 아이디오는 일상을 관찰함으로써 혁신을 이룬 회사다. 흔히 디자인 회사라 하면 독특한 창의성을 강조하기 마련인데 팀 브라운은 오히려 창의성을 일련의 과정에 의한 결과라고 말한다. 일반화 된 창조 과정의 중심엔 평범한 사람의 일상을 관찰하는 것이 포함되어 있다. 그 평범한 일상에서 혁신의 기회를 발견하는 것이 그가 말한 과정의 핵심인 것이다.

예를 들면 이런 식이다. 한 번은 방송에서 아이디오 디자인 팀에 대형

마트에서 사용할 새로운 카트를 만들라는 미션을 주었다. 주어진 시간은 단 5일이었다. 아이디오 팀은 5일간의 미션 수행 과정에서 그들만의 놀라운 통찰력을 보여주었다. 먼저 주축이 될 직원을 중심으로 디자이너, 심리학, 건축학, 경영학 등 다양한 전공을 가진 팀원들이 구성됐다. 팀원 사이에 상하관계 같은 건 없었다.

프로젝트 시작과 함께 팀원 전부 뿔뿔이 흩어져 마트에서 실제로 카트를 사용하는 모습을 관찰하기 시작했다. 카트를 사용하는 평범한 사람들의 일상 속에서 아이디어를 얻기 위해서였다. 시장 조사를 통해 팀원들은 '어린이에게 좀 더 친근하고 안전하며, 쇼핑을 좀 더 효율적으로 즐길 수 있는 디자인'이라는 목표를 세웠다. 이후 활발한 아이디어 교류를 통해 수많은 아이디어들이 쏟아져 나왔다. 그렇게 단 5일 만에 혁신적인 카트 디자인이 탄생한 것이다. 이처럼 관찰을 통해 놀라운 통찰이 일어날 수 있다.

기존의 방식을 벗어나라

조직생활에서 통찰을 방해하는 것이 '일상화'또는 '습관화'이다. 상사가 새로운 아이디어를 내보라고 해서 막상 제시하면 받아들여지지 않는 경우가 대다수다. 이유는 '기존에 해왔던 방법이 아니여서'이다. 이런 말에 부딪혀 기발한 아이디어들이 묵살당하고 새로운 도전과 통찰의 기회가 통째로 날아가 버린다. 하지만 통찰력을 발휘하려면 '기존'의 틀에서 벗어나야 한다. 기존의 틀에서 새로운 일이 일어나기를 기대하는 것은 모순이다.

대기업처럼 성장하고 싶다고 하여 많은 기업들이 대기업의 성공요소를 배워 그대로 적용했다가 실패를 경험했다. 기존의 방식을 따르면 통찰력이 빛을 발하지 못한다. [10]우리나라 대기업은 방대한 조직이기 때문에 정형화된 시스템 운영이 이루어져야 하지만, 그렇지 않은 작은 조직은 유연성을 발휘하는 것이 유리한 경우가 많다. 그때그때 시대적 트렌드에 맞춰 기민하게 움직일 수 있기 때문이다. 기존의 방식을 고수하려다 보면 변화를 읽기 힘들어질 수 있다.

자동차에는 소모품들이 꽤 많다. 그중 폐타이어는 처치 곤란으로, 기존에는 그냥 버리는 물건이었다. 그런데 이것을 유심히 관찰하고 남들과 다르게 생각한 사람이 있었다.

'저 타이어는 도로를 달리는 데 무리가 있을 뿐이지 아주 질기고 튼튼한 원재료다.'

그래서 재료 본연의 특성을 살려 다양한 방법으로 활용하기 시작했다. 시멘트와 섞어 폭신한 보행자 도로로 재활용한 것이다. 어떤 예술가는 폐타이어를 재료로 작품을 만들기도 했다. 이처럼 어떤 사람에게는 아무 생각 없이 버려지는 것들이, 기존의 틀에서 벗어나 다르게 생각하는 사

---

10) 김경민, 로빈 가인지칼럼 "Under-100 조직이 대기업을 따라해서는 안 되는 다섯가지 이유" 2016.1.11

람에게는 훌륭한 사업의 재료가 된다. 이것이 통찰력이다.

한 천재적인 음악가가 있었다. 실력이 워낙 출중하다 보니 그에게 음악 지도를 받으려는 사람들이 몰려들었다. 다들 재능 있는 사람들이라 가르치는 대로 실력이 늘었는데, 그의 눈에 띈 한 사람이 있었다. 분명히 재능은 있는데 좀처럼 실력이 늘지 않았던 것이다.

'도대체 왜 그럴까? 똑같이 가르치는데…'

제자를 보며 안타까웠던 그는 새로운 지도법을 고안했다. 가르치다가 일부러 실수를 하는 것이었다. 그래서 다음날부터 그 학생이 올 때마다 일부러 몇 군데를 틀리게 연주했다. 평소 완벽하게 연주하던 선생님이 몇 군데를 틀리자 그 학생이 반응하기 시작했다.

"저… 선생님, 그 부분이 악보랑 좀 다른 것 같은데요."

학생은 스승의 연주에 의견을 보태기 시작했고 연주를 해보이기도 했다. 이렇게 틀린 곳을 찾기 위해 집중하며 배운 학생은 마침내 훌륭한 연주자로 성공할 수 있었다. 이 학생을 통해 그는 가르치는 사람은 완벽해야 한다는 고정관념이 때로는 제자들의 배움에 걸림돌이 될 수 있다는 사실을 깨달았다. 이러한 스승의 통찰이 있었기에 오늘날 우리는 러시아의 첼리스트 피아티고르스키의 연주를 들을 수 있게 된 것이다.

이렇듯 기존의 틀에서 벗어나 관찰하는 과정에서 놀라운 통찰이 일어난다. 『탁월한 아이디어는 어디에서 오는가?』의 저자는 이에 대해 이렇게 말한다. '좋은 아이디어를 떠올리는 것은 어떤 면에서 같은 부품들을 이전과 동일한 요소로 활용하지 않는 것이다.' 다각도로 관찰하는 힘이 얼마나 위력이 있는지 알려주는 대목이다. 주변을 둘러보며 기존의 것들을 다른 각도에서 관찰하면 인류의 역사를 바꿀 아이디어가 탄생할 수도 있다.

'뜻밖의 우연'을 관찰하라

과학계를 뒤흔들 만한, 아니 세상을 뒤흔들 만한 세기의 발견이나 발명을 하는 사람들을 보면 그들의 노력과 지식에 찬사를 보내게 된다. 하지만 이런 뛰어난 발견이나 발명이 뜻밖의 우연에서 기인된 경우가 종종 있다. 물론 그것조차 꾸준한 연구가 밑바탕이 되었기에 가능한 일이었겠지만 말이다.

일례로 병원에서 누구나 한번쯤 찍어 봤을 X선 촬영이 그렇다. 그 행운의 주인공은 뢴트겐이었다. 물리학 교수였던 그는 음극선에 대해 연구하던 중 어느 날 실험실에서 발광하는 형광색 물질을 발견했다. 널빤지에 시안화백금바륨이란 약품을 칠해 놓았는데 그곳에서 빛이 발생하고 있었다. '저 빛은 무엇일까?' 종이를 가져다 대보니 빛이 종이를 통과하고 있었다. 뢴트겐의 머리가 번뜩였다.

'아, 이게 바로 방사선이로구나. 정말로 방사선이란 게 존재했구나.'

당시 과학자들 사이에서 물질을 통과하는 방사선이 있다는 얘기만 떠돌았을 뿐 실제로 확인되지는 않았다. 방사선을 발견한 뢴트겐은 그날 그 빛을 자세히 관찰했고, 그 빛을 이용해서 아내의 손 사진을 찍었다.

그리고 방사선을 확인했음을 세상에 발표했다. 뢴트겐의 X선 발견은 세상을 깜짝 놀라게 만들었고, 세상을 바꾸어 놓았다. 몸속뿐만 아니라 물질세계를 좀 더 자세히 들여다 볼 수 있게 된 것이다.

이렇듯 새로운 발견이나 통찰은 아주 우연히 얻어 걸리기도 한다. 다시 말해 우리에게도 우연히 놀라운 것을 발견할 수 있는 기회가 열려있다는 말이다.

뢴트겐의 X선처럼 우연한 발견으로 과학의 발전을 가져오는 현상을 '세렌디피티'(serendipity)라고 부른다. 이 말은 페르시아의 동화 「세렌디프의 세 왕자」에서 따온 말로서, 동화의 주인공들이 총명함을 발휘하여 자신들이 찾지 않던 것들을 우연히 발견한 데서 유래되었다. 세렌디피티와 통찰력은 서로 연관이 깊다. 둘 다 뜻밖의, 예상외의 순간에 발견되기 때문이다. 만약 뢴트겐이 반짝거리는 빛을 제대로 관찰하지 않고 지나쳤더라면 방사선의 발견은 다른 사람의 영광으로 돌아갔거나 영원히 잊혀졌을 것이다.

미국의 시인 롱펠로우는 자신이 내놓은 작품 중 뛰어난 작품들은 대부분 갑작스런 영감에 의한 것이었다고 말했다. 비창으로 유명한 작곡가 차이콥스키 역시 비슷한 고백을 했다. 이처럼 갑작스레 떠오른 영감이 놀라운 힘으로 땅을 가르고 솟아올라 가지와 잎을 내고 꽃을 피웠다는 이야기를 들으면 전율이 느껴진다. 그러므로 뜻밖의 현상 또는 영감을 접할 때 통찰력을 발휘해야 한다. 그 행운을 그저 우연으로 치부해 버리면 세기의 기회들을 놓쳐 버릴 수 있다.

우연히 얻어지는 영감은 순식간에 왔다가 사라질 수 있다. 그러므로 집중하여 잘 살펴야 한다. 대부분의 영감은 자신이 연구하는 분야 또는 관련된 분야와 관계가 있다. 가끔 전혀 다른 분야나 생각지도 못한 분야의 영감이 오기도 하지만 그런 경우는 아주 드물다. 두뇌학적으로 볼 때 우리가 생각하고 있는 분야나 생각할 수 있는 분야에서 영감이 떠오르거나 기존 요소들을 재조합할 가능성이 높다. 그러므로 순간의 아이디어나 뜻밖의 우연에서 얻어지는 것들을 흘려보내지 말고 잘 관찰해야 한다.

한 번은 사업적인 통찰력이 필요하다면서 모 화장품 기업의 임원에게 코칭을 의뢰받아 한 적이 있다. 그는 새로운 제품을 개발해야 하는데 소비자의 욕구를 만족시키고, 시장을 선도할 수 있는 제품을 창안해낼 통찰력이 필요하다고 했다. 그래서 통찰력을 키우기 위해 회사 내 사람들의 필요와 사회의 변화를 민감하게 관찰하는 연습부터 하기로 했다. 평소에는 자신이 맡은 업무 외에 관심을 두지 않던 사람이었지만 의도적으로 다각적인 관찰을 시작한 것이다. 매주 한 주 동안 관찰한 것을 통해 얻은 깨달음이나 통찰을 나누었다.

그러던 중 셰도우코칭(Shadow Coaching)을 하게 되었다. 셰도우코칭이란 코칭대상자의 회의나 미팅, 업무 현장에 동행하여 뒤에서 조용히 관찰한 후 그의 언행과 일하는 방식, 감정 패턴, 습관 등을 정리하여 개선할 부분을 실행으로 옮기도록 돕는 코칭이다. 이 과정의 효과는 강력해서 리더코칭 과정 중에 한번 이상은 시행하곤 한다. 사람들은 리더들에게 직언을 하지 않는다. 물론 리더들이 그것을 듣고 싶어 하지 않기 때문일 수도 있다. 여러 이유로 리더들은 자기를 관찰할 기회를 갖지 못하고, 사람들로부터 조언도 얻기 어렵다. 그 임원은 그날 코치의 피드백을 통해 가르치는 듯한 자신의 일방적인 진행방식과 권위적인 말투가 팀장들의 솔직한 의사표현과 자유로운 아이디어를 막고 있다는 사실에 동의했다. 그리고 그날 이후로 회의 진행방식과 말투를 바꾸었다.

필자 역시 리더란 자신의 문제가 무엇인지 명확하게 인식하기만 하면 얼마든지 한순간에 자신을 변화시킬 수 있는 능력이 있는 사람이라는 사실을 생생하게 경험하였다. 그 임원은 그날 이후 회의 진행방식과 말투뿐만 아니라 직원들을 대하는 태도와 표정까지 바꾸었으며, 말도 긍정적이고 동기를 불러일으키는 말을 엄선하여 사용하였다. 더불어 질문과 경청 그리고 긍정적인 피드백으로 코칭식 소통을 하기 시작했다.

이런 분위기 속에서 새로운 뷰티제품 개발이라는 커다란 과제를 팀장들 앞에 솔직하게 내어놓고 협조와 아이디어를 구했다. 그 회의를 통해 제품 다각과의 일환으로 새로운 스타일의 향수를 개발하자는 의견이 모아졌다. 질문과 경청을 통해 회의를 거듭하는 동안 팀장들은 스스로 시장조사와 제품조사 등 해야 할 일들을 하나씩 실행해 나가기 시작했다. 콘셉트와 디자인이 정해지고 시제품을 만드는 단계까지 일사천리로 진행되었다. '어떻게 하면 특별하고 인상에 남는 향수를 만들 수 있을까?'

팀장 한 사람 한 사람이 자기 팀으로 돌아가서 다시 팀원들에게 질문하고 경청하는 과정을 통해 여러 의견들이 반영되면서 마침내 훌륭한 제품이 완성되었다. 이 모든 결과가 관찰에서 비롯되었다. 자신의 언행을 관찰하는 것, 사람들의 욕구와 필요를 관찰하는 것, 사회의 변화를 면밀히 관찰하는 것에서 시작된 큰 변화였다. 그 임원은 코치의 관찰과 피드백을 통해 자신의 부정적인 습관을 솔직하게 인정하고, 새로운 자신의 모습을 위해 용기 있는 변화를 시도하였다. 또한 소통의 힘을 깨닫고 부하 직원들과 소통하여 적극적인 협력과 아이디어를 얻었으며, 사람들의 욕구를 읽어내고 그에 맞는 제품을 섬세하게 만들어내는 통찰력을 발휘하였다.

직관을 믿어라

네덜란드 라드바우드 대학의 아프 데익스터호이스 박사 팀은 자동차 구매자들을 두 그룹으로 나누어 실험을 진행했다. 1그룹에는 자동차의 12가지 특징을 적은 목록을 나눠주고 15분간 꼼꼼히 살펴보도록 했다. 반면 2그룹은 내용을 잠깐 읽게 한 뒤 퍼즐게임을 시켜 관심을 돌렸다. 그런데 두 그룹에게 보여준 사진 중에는 월등히 우수한 자동차 모델이 하나 끼어 있었다. 15분 뒤 박사는 1, 2그룹 사람들에게 월등히 우수한 차를 선택하도록 했다. 결과는 어땠을까. 15분간 꼼꼼히 살펴본 1그룹보다 잠깐 살펴본 2그룹이 대부분 월등히 우수한 차를 골랐다. 직관적인 판단으로 좋은 선택을 한 것이다. 직관의 힘이 그만큼 무섭다.

직관을 통한 통찰의 사례는 콜라 업계에서도 일어났다. 2005년, 음료 시장에 대이변이 일어났다. 코카콜라의 아성을 펩시콜라가 눌러버린 것이다. 그동안 [11]만년 2위에 머물렀던 펩시는 업계에서의 1위가 너무도 간절했다. 그런데 무려 100년 만에 그것을 이루었으니 얼마나 기뻤을까. 그렇다면 어떻게 펩시가 코카콜라를 이길 수 있었을까?

펩시 1위의 주역은 로저 엔리코 전 회장이었다. 그는 1996년, 회장으로 취임한 후 가장 먼저 스포츠 음료 업체와 주스 음료 업체를 인수했다. 이에 대해 임원진 대대수가 반대했다. 음료 업계의 앞날이 불투명했기 때문이었다. 강력한 반발에 부딪힌 로저 엔리코 회장은 이렇게 설득했다. "무엇을 염려하는지 잘 알고 있습니다. 그러나 지금 이 기회를 놓치면 우리는 코카콜라를 영원히 따라잡을 수 없습니다. 전 자신 있습니다. 또한 스포츠 음료가 곧 우리 회사 매출의 핵심으로 떠오를 거라는 확신이 있습니다."

결국 그의 뜻대로 스포츠 음료 업체와 주스 음료 업체를 인수했다. 예상대로 펩시의 매출은 끊임없는 상승곡선을 그렸고, 2005년 업계 1위를 차지할 수 있었다. 이 일을 두고 기자들이 로저 엔리코 회장에게 어떤 확신을 가지고 음료 업체를 인수했는지 물었다. 그때 그의 대답은 이랬다. "그냥 느낌이 왔습니다. 1위를 할 수 있겠다는 느낌말입니다. 그 느낌을 따라 저는 두 회사를 인수했고, 그 느낌대로 1위를 했던 겁니다." 이처럼 수십 년 간의 경험과 판단이 빚어낸 직관은 통찰의 좋은 토대가 된다.

우연한 발견과 직관은 비슷해 보이지만 실은 다르다. 발견은 현상을

---

11) 『돌파하는 힘』 김이율 저, 작은씨앗 출판사 p89 참고

바라보는 눈이고, 직관은 마음속에서 무의식적으로 떠오르는 강력한 생각이다. 직관은 사유 혹은 추리와 대립되는 개념으로, 순간적으로 사태를 전체적으로 파악하는 것을 가리킨다. 세계를 깜짝 놀라게 만든 아이디어를 내놓은 사람에게 '어떻게 그런 생각을 하게 됐느냐?'고 물어보면 대부분 다음과 같이 말한다. "그냥 딱 떠올랐습니다." 말로 설명할 수 없지만 정말 필요한 것이 자연스럽게 생각나는 것이 바로 직관이다. 세계 유수의 기업을 이끄는 이들의 입에서 자주 나오는 단어 역시 '직관'이다.

어느 중간급 리더가 있었다. 그는 애사심뿐만 아니라 자기 일에 대한 자부심도 높았다. 무엇보다 그는 조직원들을 잘 이끌어 함께 성장하고픈 의식을 가지고 있었다. 그때 기업은 경제파동과 맞물려 고전 중이었는데, 코칭을 알았던 그는 팀원들을 챙기고 잘 다독였다. 그러던 어느 날, 한 팀원이 옥상에서 내려오는 모습을 보았다. 처음엔 아직 금연에 성공하지 못했나 싶어서 농담을 건넸는데 그 팀원이 필요 이상으로 과잉반응하며 금연이 너무 어렵다는 말을 했다.

그때 리더의 촉이 발동했다. 왠지 자연스럽지 않게 행동하는 그의 모습을 보며 직관적으로 무슨 일이 있다고 느꼈던 것이다. 그는 과거 믿었던 팀원으로부터 비슷한 느낌을 받고 두 번이나 그들이 나갔던 경험을 떠올렸다. 팀원이 뭔가 숨기고 있다는 직관을 믿고 그와 일대일 면담 시간을 가졌다. 대화를 통해 알게 된 것은 그 팀원이 경쟁 업체로부터 좋은 조건으로 스카우트 제안을 받고 고민 중이라는 사실이었다. 그 팀원은 앞으로 진행될 프로젝트의 중요한 정보를 가지고 있었다. 게다가 팀을 짜서 나오면 더 좋은 조건으로 받아주겠다는 제안까지 받고 있었던 터라 다른 팀원들에게도 이미 언질을 해놓은 상태였다. 이 사실을 안 후, 그 리더는 팀원들과의 지속적인 대화와 설득을 통해 이직하려는 마음을 돌렸고, 그 부서는 현재 그 기업의 문화를 연구하는 팀이 되어 활발히 활동 중이다.

위의 예와 같이 우리는 본능적으로, 무의식적으로 느껴지는 직관을 믿고 그대로 밀고나갈 때 유익한 결과를 얻을 수 있다. 우리는 과거에 '처음에 그런 느낌이 들었는데 기우라고 무시했지. 그런데 그 느낌이 맞았어. 그 느낌을 따르지 않아서 망친 거야'라고 말한 경험이 있을 것이다. 그러나 이렇게 직관을 무시하여 손실을 입은 경험이 있으면서도 중요한 직관이 올 때 또 다시 그 귀중한 순간들을 무시하곤 한다.

직관을 발달시키기 위해서는 순간적으로 스쳐가는 생각, 첫 인상, 첫 느낌 등을 놓치지 말고 신뢰하는 연습을 해야 한다. 그것이 좋은 느낌이든 나쁜 느낌이든, 아니면 석연치 않은 느낌이든 애매한 느낌이든, 그 느낌들을 놓치지 말아야 한다. 그리고 신속하게 그런 느낌이 든 이유를 생각해 보고, 그 느낌을 신뢰하고 행동을 취하는 경험을 쌓아야 한다.

이렇게 직관을 믿고 촉을 예민하게 세우는 사람은 생각을 과거의 경험에 비춰보고, 현재의 상황에 연결하며 그것을 토대로 미래 일어날 결과를 예측하는 탁월한 통찰력을 가질 수 있다. 그렇게 보면 직관과 통찰력은 밀접하게 연결되어 있다. 직관은 우리가 예상치 않은 순간에 무의식적으로 일어나지만, 통찰은 그러한 무수한 생각과 상황들을 통합하여 바람직한 현재와 미래를 예측하고자하는 의도적인 노력의 과정 또는 그 결과로 나오는 것이다. 정리해 보면 직관은 무의식적으로 나오고 통찰은 의식적인 노력에 의해 나오는 것이라고 볼 수 있다. 사람에게는 모두 직관력이 있다. 다만 직관력을 잘 사용하지 못하는 사람은 순간적인 직관을 무시하고 기존에 자신이 가지고 있는 지식, 경험, 습관, 신념대로 해석해버리기 때문이다. '그럴 리가 없어', '아니야 내가 옳다고 생각하는 대로 해야 해' 하고 직관이 주는 생각과 아이디어를 무시하는 것이다. 그런 경우 대부분 '아, 처음에 생각한 대로 할 걸...' 하고 후회를 하게 된다. 그런 잦은 후회, 실수를 줄이기 위해서는 직관을 민감하게 느끼고 그대로 해보는 것이 중요하다. 때로 직관의 결과는 더 많은 손실을 줄일 수도 있고, 우리가 알지 못하는 다른 위험을 피하게 해줄 수도 있다. 또 그 결과가 지금이 아니라 언젠가 적합한 시기에 나타날 수도 있다. 기억해야 할 사실은 직관이란 신이 주는 것도 아니고 우연히 생기는 것도 아닌 나의 지식과 경험, 가치와 신념 등 나를 형성하고 있는 것들을 기반으로 종합적이고 자동적으로 일어나는 것이므로 옳은 대안을 보여줄 확률이 높다.

통찰은 이와 같이 생각의 각도를 바꾸고, 사람들의 필요를 관찰하고, 기존의 방식에서 벗어나서 새로운 시각으로 바라보고, 우연한 것도 관심을 가지고 관찰하고, 순간적으로 스쳐가는 직관을 놓치지 않고 믿을 때 더 탁월하게 작동된다.

1. 사물 관찰

사물관찰은 우리의 섬세한 관찰능력을 강화시켜준다.

① 구체적인 사물 하나하나를 관찰 : 주변의 물건을 있는 그대로 관찰한다. 모양, 질감, 색, 디자인 등 있는 그대로의 상태를 객관적으로 관찰한다.

② 물건들과 다른 물건들과의 배치나 연결 상대를 관찰 : 밖으로 나가서 길의 끝까지 뚫려 있는 느낌, 전봇대, 길바닥이나 보도블록의 배치, 차, 건물 등의 모양과 색, 주변 물건들과 배치되거나 연결된 구도를 본다.

③ 전체를 넓게 관찰 : 건물 위나, 산에서 멀리 넓게 관찰. 산 밑에 보이는 풍경, 건물 밖으로 보이는 도시 전체를 관망한다. 하늘의 구름, 색, 땅과의 접점을 바라보며 넓게 펼쳐진 느낌을 느껴본다.

2. 식물 관찰

식물관찰은 다채롭고 아름다운 꽃과 식물의 느낌을 통해 우리의 직관과 감성능력을 강화시켜 준다.

① 주변에서 접하는 꽃이나 식물, 나무 등을 지나치지 말고 가까이 가서 색과 냄새와 모양을 관찰하라. 이때 색감을 느껴보고 냄새를 맡고 생생한 식물의 물줄기를 느껴보라

② 식물과 하나가 되어 보라. 만져보고 냄새 맡으며 내가 그 식물이 된 상태를 상상해본다. 나무가 된 느낌, 잔디가 된 느낌, 숲이 된 느낌 등을 느껴본다.

③ 모든 식물들의 완전한 상태를 느낀다. 피는 꽃은 피는 그 상태가 완전한 것, 시드는 꽃은 그 생태가 완전한 것, 지는 잎은 그 상태가 완전한 것이란 것을 있는 그대로가 완전한 상태인 것을 느껴 본다.

---

3. 사람 관찰

사람의 겉모습뿐만 아니라 내면의 상태, 감정상태, 부정적 또는 긍정적 에너지 등을 민감하게 관찰한다. 이런 시각으로 사람들을 계속 관찰해 나가면 사람의 본질과 존재에 대한 깊은 통찰을 얻을 수 있다.

① 내가 만나는 사람들이나 거리의 사람들의 표정, 감정, 에너지가 어떠한지 관찰한다.

② 사람들이 나와 다른 점은 무엇이고 유사한 점은 무엇인지 관찰한다.

③ 전혀 새로운 어떤 통찰이 올때까지 관찰한 후 그 통찰이 무엇인지 적는다.

---

4. 직관력 기르기

무언가 생각하다가 처음 떠오르는 생각, 첫인상, 스쳐지나가는 생각 등은 나에게 가장 필요한 중요한 생각일 수 있다. 직관을 놓치지 않고 직관에 따르는 연습을 통해 직관은 더욱 강화될 수 있다.

① 일상에서 스쳐지나가는 느낌이나 생각을 놓치지 말고 기억하기
② 왜 그런 느낌이나 생각이 떠오른 것인지 이유를 생각해보기
③ 그 느낌이나 생각을 실제로 생활에 적용하여 행동하기

_____

_____

_____

4장
**평정심을
유지하라**

4장
평정심을 유지하라

    2차세계대전 때의 일이다. 프랑스군은 독일군의 위력에 초반부터 무너졌다. 기세등등했던 프랑스 지휘관들이 하나 둘씩 무너져 내렸다. 병사들의 사기도 땅에 떨어졌다. 그런데 그 와중에 남다른 지휘관이 있었다. 조프르 장군, 그는 병사 앞에서 동요하지 않았다. 평소와 다름없이, 아니 평소보다 더 침착하게 병사들을 통제했다.

    얼마 후 연합군이 독일군을 피해 후퇴작전을 벌일 때도 조프르 장군은 평정심을 잃지 않았다. 전혀 불안해하는 기색 없이 시간에 맞춰 식사를 하며 여느 때와 다름없이 행동했다. 이 모습을 보고 병사들은 안정감을 느꼈다. 또한 조프르 장군은 지휘관으로서의 인사권을 강력하게 행사했다. 자신이 보기에 능력이 없다고 판단되는 지휘관은 과감히 교체하고, 한편으로는 능력 있는 병사들을 발탁하여 전면에 세웠다. 그는 뒤에서 조여 오는 독일군의 위협에도 흔들리지 않고 치밀하게 전략을 짠 후 독일군에 반격을 가했다. 그리고 마침내 '마르느의 기적'을 만들며 독일군을 몰아냈다.

치열한 전쟁 속에서도 부하뇌동하지 않고 연합군을 구해낸 조프르 장군의 통찰력은 어떻게 발휘될 수 있었을까? 해답은 평정심에 있다. 탁월한 통찰력을 발휘하는 사람들의 특징 중 하나가 바로 평정심이다. 특히 위기 속에서 빛을 발하는 탁월한 리더들은 평정심이라는 공통점을 가지고 있다. 그들은 위기 속에서도 흔들리지 않는 평정심을 유지한다. 그리고 그런 평정심에서 위기를 극복할 탁월한 통찰력을 이끌어낸다.

자신을 깊이 들여다보라

많은 사람들이 자신의 마음을 '잘 모르겠다.'고 말하며 불안해한다. 그런 불안감을 해소하려고 사람들은 바깥에서 답을 구하려 애쓴다. 그러나 그 누구도 불안감을 해소시켜 주는 답을 밖에서 구할 수는 없다. 술, 담배, 이성, 음식, 물건 등으로 불안감을 해소해 보려 하지만 그것은 일시적인 효과만 있을 뿐 감정은 곧 불안감으로 되돌아간다. 한편 [12]평정심이란 말 그대로 마음이 평온하고 고요한 상태를 의미한다. 즉 감정에 휘

---

12) 『평정심 나를 지켜내는 힘』 토마스 호엔제, 갈매나무 출판사 참고

둘리지 않는 상태다. 보통 사람들의 감정은 늘 기복이 있다. 그런 감정을 잘 조절하고 조율해서 순수한 상태가 될 때 우리는 평정심을 가질 수 있다. 진정한 평정심과 마음의 안정은 자신의 존재가치를 깊이 통찰할 때 얻어진다.

약속시간을 잘 지키지 못하는[13] 어떤 여성이 있었다. 자신은 스스로를 책임감이 강한 사람이라고 생각하고 있었고, 주변 사람들도 그녀를 성실하고 배려 깊은 전문가로 알고 있었다. 그러나 그녀는 의외로 약속시간을 지키지 못하고 늘 늦었기 때문에, 이로 인해 늘 마음이 조급하고 불안했다. 그리고 만나는 상대에게 떳떳하지 못하고 죄인 같은 생각이 들어서 자연스럽게 대화를 하지 못하곤 했다. 그녀는 그런 자신의 실망스러운 습관을 고쳐보기로 마음먹었다. 코치를 찾은 그녀가 이러한 고민을 내놓자 코치는 약속시간에 늦음으로서 얻어지는 게 무엇인지 물었다. 고민 끝에 떠오른 생각은 자유였다. 말을 해놓고 보니 그녀는 자신이 무슨 일을 하든 강요당하는 느낌을 받는 것을 매우 싫어한다는 사실을 알게 되었다.

코치는 약속을 하는 것이 자신이 원해서인지 아니면 의무감으로 억지로 하는 것인지에 대해 물었다. 그 말을 듣자 그녀는 깊은 고민에 빠졌다. 한 번도 그런 것을 생각해 본 적이 없기 때문이었다. 그런데 생각해 보니 사실은 만나는 것이 시간 낭비라고 느껴지는 사람들을 많이 만나고

---

13) 『평정심』 톰 스톤, 아시아코치센터 p182 인용

있었으며, 약속의 대부분은 어떤 의무감에서 이루어지고 있다는 사실을 깨달았다. 그것이 늘 후회를 만들어내고 있었던 것이다.

코칭을 받으면서 그녀는 목표를 향해 열심히 노력하는 일 중심적인 성격과 사람들을 배려하려는 마음 사이에서 갈등을 느끼고 있다는 것을 깨달았다. 그래서 자신의 진짜 가치와 꿈을 이룰 수 있는 방법에 대해서 진지하게 생각하며 대안을 찾아 나가기 시작했다. 그녀의 진짜 가치는 자유였으며, 그녀의 꿈은 사람들과 갈등 없이 행복하게 지내는 것이었다. 이 두 가지가 늘 갈등을 일으켰다는 사실을 자각하게 된 것이다. 즉, 혼자만의 자유와 하고 싶은 대로 행동하는 자유를 선택하자니 사람들과의 조화와 관계에 문제가 생기고, 또 반대로 사람들에게 맞추려고 하니 자유로운 시간이나 선택권이 제한을 받기 때문에 종종 이 두 가지 선택 사이에서 갈등을 느끼고 있었던 것이다.

이 여성은 자신의 갈등 원인을 알고 나자 갑자기 마음이 편안해졌다. 즉 평정심을 갖게 되자 앞으로 삶의 태도를 바꿀 수 있겠다는 자신감이 생겼던 것이다. 예전에는 뭔가 해달라는 요청을 받을 때 강요당하는 기분을 억누르고 요청에 응함으로써 불편함을 느꼈으나, 이제는 원하지 않을 때 누구의 어떤 부탁이라도 평정심을 가지고 '아니요'라고 말할 자신이 생긴 것이다.

그녀는 이러한 통찰을 얻은 후 경이로운 변화를 일으켰다. 약속시간에 더 이상 늦지 않게 된 것이다. 그리고 자신이 결정한 것에 대해서는 자신감을 가지고 힘 있게 추진함으로써 과거보다 더 만족스러운 결과를 만들어냈다. 그녀는 자신의 삶에서 직면하는 모든 일에 대해서 편안한 마음으로 즐기며 만족스러운 삶을 살게 되었다.

평정심은 우리를 통찰에 이르게 한다. 이러한 평정심은 자신의 가치와 의도를 깊이 통찰하는 가운데 얻어지고, 통찰력이 작동되면 상황이 객관적이고 명료하게 보인다. 그럴 때 코앞의 상황에 얽매여 있던 우리의 시각이 넓게 확장되어 최적의 대안이 보이기 시작한다. 이렇게 평정심을 가지고 결정을 내릴 때 가장 탁월한 결과를 만들어낼 수 있다.

자신을 냉철하게 평가하라

한 가정의 수준은 가장의 의식수준으로 결정되고, 한 조직의 수준은 리더의 의식수준으로 결정된다. 가정이나 조직 리더의 의식수준이 낮으면 그 가정이나 조직의 의식수준도 같을 수밖에 없다. 간혹 리더의 의식수준보다 높은 의식을 가진 사람이 조직에 들어온다 해도 불편과 갈등을 겪다가 결국 자기 수준에 맞는 곳으로 빠져 나가고 말 것이다. 반면 리더의 의식수준이 높으면 그 조직 구성원의 의식수준도 점차 높아진다. 최근 생각의 차이로 이혼하는 사례가 급증하고, 조직 구성원들 간 의식수준의 차이로 이직하는 사례도 늘고 있다. 이처럼 리더의 의식은 조직 구성원들의 의식에 영향을 미치고, 그 구성원 개개인의 의식이 모여 조직문화를 이루고, 이 조직문화가 조직의 생존과 발전에 큰 영향을 미친다.

통찰력과 의식세계는 연관이 깊다. 통찰이라는 말 자체에 본질을 꿰뚫어 본다는 의미가 있듯이 자기 자신과 타인의 의식을 들여다볼 수 있다면 통찰력은 더 커질 수밖에 없다. 사람의 의식이란 한 사람의 생각과 행동의 토대를 이룬다. 즉 어떤 사람이 어떤 말을 하고 어떤 행동을 할 것인가는 그 사람의 의식수준에 따라 다르다.

누구나 자신의 의식을 깊이 들여다보면 자신의 의식이 지금 어디에 집중되어 있는지를 쉽게 알 수 있다. 자는 시간을 제외하고 늘 의식주를 해결하는 일에 많은 생각과 에너지를 쏟고 있다면 이 사람은 생존에 많은 관심을 가지고 있으므로 의식수준이 생존의식이라고 할 수 있다. 또한 인간관계에서 발생되는 갈등 해결이나 관계 강화나 확장에 관심이 많이 가 있다면 의식수준이 관계의식이라고 할 수 있다.

이와 같이 인간은 중요하게 생각하거나 가치 있게 생각하는 것에 시간과 에너지, 열정을 쏟게 되어 있는데, 이를 잘 정리해 놓은 자료가 있다. 리차드 바랠(1970)은 메슬로의 5가지 욕구설을 기반으로 '인간의 동기를 이해하기 위한 7단계 모델'을 개발하여 개인과 조직의 성장 방향을 제시하였다. 다음의 표는 리차드 바랠의 모델을 필자가 재정리한 것이다. 다양한 방면에서 연구한 실제 사례를 토대로 하여 의식의 단계를 세분화하고, 균형감 있게 배치하였다.

의식의 발전 단계와 단계별 성품

	8가지 의식의 단계	단계별 24가지 성품		
단계별 의식	내용	1	2	3
8. 글로벌의식	전 세계 인류와 다음 세대의 발전을 위해 자신의 시간과 자원을 사용한다.	배려	협동	지혜
7. 사회의식	자연환경을 지키고 사회의 발전을 위해 사회 활동에 적극적으로 참여한다.	경청	신뢰	사랑
6. 팀의식	공동체의 구성원들이 함께 성장할 파트너임을 인식하고, 성장에 기여한다.	책임감	존중	포용력
5. 성공의식	자신의 판단력과 능력을 믿으며 자립적인 태도로 목표를 이루어 나간다.	용기	솔선	겸손
4. 공동체의식	다른 사람과 협동을 통해 공동체 구성원들의 안정과 존중을 얻는다.	정직	성실	절제
3. 자부심의식	스스로 무엇인가를 이루어 냄으로써 성취감과 자부심을 얻는다.	창의성	자신감	분별력
2. 인간관계의식	가족이나 공동체의 구성원들과 좋은 관계를 맺어 유익한 결과를 얻는다.	순종	인내	융통성
1. 생존의식	살아가기 위해 가장 기초적인 조건들을 충족하고 안전을 확보한다.	질서	신중함	결단력

의식성장의 8단계는 개인의 생존 문제부터 시작하여 글로벌 리더십까지 점차적으로 성장해가는 의식수준의 8단계를 나타낸다. 각 단계마다 다음 단계로 성장하기 위해 개발이 필요한 성품이 있으며, 그것이 개발되어야 자연스럽게 다음 단계로 발전해나간다. 자신이 어느 수준까지 성장했는지, 또 어느 단계가 되기 위해 지금 열정을 쏟고 있는지를 알면 자

기 개발과 함께 조직원들의 의식수준을 한 단계 올릴 수 있는 통찰력을
가질 수 있다.

8단계 의식

이제 의식수준별 의미를 살펴보자.

첫째, 생존의식 단계는 인간의 삶을 영위해 나가기 위해서 가장 기초
적인 의식주 등에 필요와 관심이 집중되어 있는 상태다. 보통 어린아이
나 회사에 처음으로 입사한 사회 초년생은 살아가는데 필요한 기본적인
욕구를 충족시키는 것이 최대 관심사이기 때문에 이것을 쟁취하는 데 열
정을 쏟는다. 최근 어려운 경제 사정으로 인해 '경제적인 안정을 확보하
기 위해 무엇을 할 것인가?'가 요즘 사람들의 최대 관심사이다. 이 단계
의 수준에서는 몸매, 외모, 건강, 재정적 안정 등에 많은 의미를 둔다.

둘째, 인간관계의식 단계는 의식주에 대한 문제를 극복하고 어느 정도
안정된 생활로 접어들면 자연스럽게 나타난다. 이 단계에서는 가족이나
팀 구성원들과 좋은 관계를 유지하며 보다 효과적으로 소통하려고 노력
하게 된다. 부모와 자녀 관계, 부부관계, 직장의 상하관계, 팀 구성원간의
관계, 고객 대응 등 인간관계가 순조로우면 다음 단계로 성장할 수 있다.

셋째, 성공의식의 단계에 있는 사람들은 자신의 능력을 극대화하여 더
큰 성공을 이루고자 하는 열망이 크다. 그래서 전보다 더 높은 목표에 과
감히 도전하게 된다. 이 단계에서는 스스로 무엇인가를 이루고 자부심을

느끼기를 원한다. 일반적으로 자기 개발, 성과 향상, 목표 달성, 코칭 등과 관련된 훈련들은 모두 자신감 강화에 초점이 맞추어져 있다. 자신이 설정한 목표를 달성하는 경험을 통해 성취감과 자존감이 높아지는 것이다.

넷째. 협력의식 단계에 있는 사람은 이미 변화와 성공을 경험한 사람으로 조직에서 존중받고 가치 있는 사람이 되기 위해 협력을 도모한다. 이 단계까지 발전한 사람은 사회나 조직 차원에서 볼 때 조직의 중간관리자나 임원 등 리더인 경우가 많다. 지금까지는 혼자 열심히 하면 조직에서 인정받고 승진할 수 있었지만, 중간관리자 이상이 되면 이제 팀원들을 잘 관리하고 그들의 협력을 이끌어내어 함께 성과를 만들어내야 한다.

다섯째, 성공의식의 단계에서는 자기 개발과 협력을 통해 강화된 경쟁력으로 외부에 의존하지 않고 자립적으로 모든 일을 해내며 성공을 이루어 간다. 이 단계의 사람은 보다 큰 조직을 이끌 만한 리더로 성장한 사람이다.

여섯째, 공동체의식 단계에 있는 사람은 하나의 팀뿐만 아니라 조직 전체를 하나의 공동체로 보고 팀 간, 구성원들 간의 조화를 이루어내며, 다른 사람에게 피해가 가는 행동은 하지 않는다. 보통 사회의 상위 리더에 속한다.

일곱째, 사회의식 단계의 사람은 조직 전체 또는 사회 공동의 문제를 해결하기 위해 기꺼이 개인적인 시간, 돈, 에너지를 사용한다. 많은 지식과 경험을 통합하여 사회의 유익을 위해 사용하며, 사람들의 만족과 행복을 위해 개인의 이기심을 비우고 더 큰 결과를 위해 헌신한다. 지역사회의 발전에 높은 관심을 가지고, 국가의 발전에 기여한다.

여덟째, 글로벌의식 단계의 사람은 조직과 사회가 장기적으로 발전하고 인류에 도움이 되는 일에 거의 모든 에너지를 집중한다. 다음 몇 세대까지 영향을 미치는 것에 시간과 자원을 사용하여, 국가를 초월하여 세계 공동의 발전이나 봉사에 관심을 두고 인류의 발전을 위해 기여한다.

여덟 단계의 의식은 순차적으로 발전된다. 자신의 목표는 높은데 의식 수준이 낮거나 그에 맞는 리더십이 개발되어 있지 않을 때는 아무리 노력해도 목표가 쉽게 이루어지지 않는다. 그로 인해 수많은 좌절을 겪게 된다. 하지만 의식수준이 한 단계씩 성장할수록 일과 삶을 다루는 능력도 점점 나아지고, 그에 따라 여러 문제들을 더 쉽게 해결할 수 있게 된다. 의식이 발전함에 따라 통찰력도 커지고, 문제 해결 능력도 확장되기 때문이다.

그러므로 누구든지 의식 단계에 자신을 대입해서 생각해 보면 현재 자신의 개발 포인트를 잡을 수 있다. 의식은 배움과 훈련, 끊임없는 노력과 깨달음 등을 통해 단계별로 성장한다. 한 단계씩 성장할 때마다 성품과 리더십 능력도 성숙해지고 더 강력한 통찰력을 발휘하게 된다.

나와 나의 조직이 현재 어느 단계에 있는지 분별한 후, 다음 단계로 성장하기 위해 노력해나간다면 자신의 안위나 생존, 자존심에 연연하는 제한적인 삶이 아니라 무한한 성장을 이루어가는 평정심과 통찰력을 지닌 탁월한 리더로 성장할 수 있을 것이다.

평정심도 훈련이다

평정심을 어떻게 훈련해야 할까? 막연하게 느껴질 수도 있을 것이다. 하지만 답은 의외로 간단하다. 자신의 부정적인 습관이나 두려움, 감정을 충분히 느끼고 통제하는 훈련을 하는 것이다. 또한 자신의 순수한 존재가치와 삶의 가치를 찾게 되면, 널뛰듯 통제되지 않는 감정과 부정적인 행동 습관 등도 다룰 수 있게 된다.

부정적인 생각이나 감정의 패턴은 우리가 세상에 태어나는 순간부터 형성되기 시작한다. 순수한 아기는 배가 고프거나 용변의 처리가 필요할 때마다 울음으로써 알린다. 이를 누군가 바로 해결해 주면 편안함을 느끼지만, 해결되지 않으면 곧 두려움과 공포를 느낀다. 완전히 순수한 존재인 아기는 생존이 위협받을 때마다 불안, 두려움, 공포, 배반감 등을 느낀다. 또한 성장하면서 그런 감정들을 다양한 상황에서 반복적으로 경험하게 되고, 그 과정을 거치면서 자신도 모르는 사이에 또 하나의 에고가 자라난다. 우리는 그 이기적이고 자기방어적이며 공격적인 자아가 자신의 진정한 자아가 아니라 외부의 물리적인 위험에 의해 생겨난 거짓 자아인 것을 모른 채 살아왔다. 그래서 우리가 사회의 리더가 된 후에도 거짓 자아에 휘둘리며 살아간다. 그러므로 나의 정체성이라고 착각하게 만드는 에고를 발견하여 진정한 자아를 찾아가는 것이 성숙과 행복을 이루기 위해서 꼭 해야 할 과제다.

『평정심 나를 지켜내는 힘』의 저자 역시 생각을 편안하게 바꾸는 첫걸음으로 나의 생각을 의식하는 것을 꼽는다. 우리는 주변의 평가나 시선 등을 통해 크고 작은 영향을 받으며 불안하고 혼란한 마음상태로 잠에서 깨어나고 다시 잠을 청한다. 그러나 그러한 마음을 느끼는 주체는 진짜 자신이 아니다.

인간은 원래 사랑과 존귀함을 가지고 태어난 순수한 존재다. 자라오는 과정에서 자신의 의지와 상관없이 생겨난 에고, 즉 거짓 자아가 작동될 때마다 의식적으로 거기에서 빠져나와 자신의 순수한 존재가치를 느끼도록 해야 한다. 자신의 순수한 존재가치를 느끼게 되면 마음의 평화를 되찾게 된다. 이렇게 함으로써 평안한 마음 상태로 돌아오는 훈련을 반복적으로 하게 되면 우리는 언제 어디서든 어떤 상황에서도 흔들림 없는 평정심을 유지할 수 있게 된다.

공유를 통해 평정심을 회복하라

통찰력을 기르기 위해 혼자 방안에 틀어박혀 머리를 쥐어짜야 한다고 생각하는가? 내공을 키우는 일을 위해서는 당연히 혼자만의 시간과 성찰이 필요하다. 하지만 통찰력을 얻으려면 그것뿐만 아니라 사람들과 공유하는 과정도 반드시 필요하다.

공유란 '함께 나눈다'는 의미다. 세상의 지식과 지혜는 소유권이 불분명하다. 사랑하는 사람도 마찬가지로 소유할 수 없다. 우리는 세상의 모든 것을 사람들과 함께 나누며, 즉 공유하며 살아간다. 부부가 아무리 서로 사랑하고 존중한다 할지라도 상대방의 행동이나 생각, 자유의지까지 통제하거나 소유할 수는 없는 것이다. 그렇기 때문에 누군가를 소유하려고 들면 불편함과 갈등이 생기고, 그러한 시도가 장기화되면 결국 파탄에 이르게 된다. 이처럼 해 아래 있는 모든 것은 단지 공유의 대상일 뿐영원히 소유할 수 있는 것이 아니다. 다시 말해 세상의 모든 것은 다른 사람들과 공유하는 것이다. 이렇게 생각할 때 마음에 평정심이 생긴다.

어떤 기업의 임원을 만난 적이 있는데, 그는 당시 큰 스트레스를 받고 있었다. 자신이 속한 팀이 하루아침에 사라질 지도 모른다는 불안감 때문이었다. "제가 있는 부서는 식품사업팀인데 몇 년 전까지만 해도 잘 나갔거든요. 히트 상품도 내고, 언론의 관심도 많이 받고, 외식 매장도 잘 됐죠. 그런데 최근 몇 년간 성적이 부진했어요. 거의 흑자를 내지 못했죠. 그래서 사장님이 화가 많이 났어요. 적자가 나는 외식 매장은 없앨 수도 있다고 하시더라고요. 팀원들의 사기도 완전히 땅에 떨어졌고, 팀장 몇몇은 다른 부서로 이동을 알아보는 중입니다. 저요? 저는 아직 아니죠. 저는 어떻게든 제 부서와 매장을 다시 살리고 싶습니다."

다급해진 그는 혼자 이리저리 뛰며 난관을 헤쳐 나갈 전략을 짜기 위해 노력을 기울였다. 하지만 진전은 없었다.

그때 그의 상황을 알고 있던 전략기획팀의 동료가 넌지시 말을 건넸다. "혼자 해결하려고 하지 마십시오. 둘이 만나면 두 가지 안이 나오고, 열이 만나면 열 가지 대안이 나옵니다. 알고 있는 것들이 모두 다르잖아요." 그 말을 듣고 보니 맞는 말이었다. 그때까지 그는 열 명이 넘는 팀원들과 한 번도 의논하지 않았다는 사실을 깨달았다. 오히려 이 상황을 알면 불안해할까봐 위험이 없는 것처럼 위장했다. 그날 그는 팀원 모두에게 연락했고, 다음날 팀원들과 함께 매장에서 마라톤 회의에 들어갔다. 우선 외식매장이 적자로 돌아선 이유에 대한 분석과 생각을 공유하였다. 그리고 식품사업부의 변화를 위해 어떤 정보가 필요한지, 그 정보를 어떻게 수집해야 할지, 어떻게 업무를 나누어야 할지 등 다양한 의견을 나누었다.

놀랍게도 그날 팀원들로부터 식품사업부를 흑자로 전환할 수 있는 30가지의 전략이 나왔다. 팀원들이 가지고 있는 지식과 경험은 의외로 다양하고 탁월했다. 그래서 30가지의 전략 중 모두가 합의하는 가장 효율적이고 성공 가능성이 높은 몇 가지를 실행하기 위한 실천 계획까지 세웠다. 이렇게 공유하고 나니 혼자서 해결하려고 했을 때 느꼈던 조급함과 불안함이 사라지고 마음에 평정심이 찾아왔다.

그 후 팀원들은 자발적으로 일주일에 한 번씩 외식 매장을 다니며 새로운 대안을 실천으로 옮겼고, 그 진행과정과 결과들에 대해서도 서로만나 정기적으로 의견을 공유하고 피드백했다. 결과는 놀라웠다. 새로운 전략을 시도하면서 진행과정을 관찰하고 피드백하는 과정에서 계속해서 더 효과적이고 새로운 대안들이 나왔다. 매장의 테이블 회전률을 높이기 위한 여러 시도가 있었고, 점심시간에 줄을 서서 기다리는 시간을 줄이기 위한 다양한 메뉴와 조리방법도 새로 개발되었다. 이러한 과정에서 매장의 인테리어 변화와 운영방법의 변화를 위한 대안까지 줄이어 나왔다. 그들은 매주 모여서 지식과 지혜, 경험을 공유하고 있으며 이를 통해 식품사업부를 다시 세워 나갔다.

그렇게 리더가 구성원들에게 어려움을 솔직히 나누고 협력을 구한 후 식품사업부 전 구성원이 합심하여 성장의 돌파구를 마련하였고, 6개월이 지나자 적자에서 완전히 벗어나 제2의 흑자 성장을 이루게 되었다. 지식이나 경험을 사람들과 공유하면, 그 지식과 경험은 공유하는 사람의 수만큼 배가한다. 그만큼 공유는 힘이 있다. 함께한 사람들의 지식과 경험이 공유되면, 그것은 말할 수 없이 풍부한 자원이 된다. 그리고 이러한 공유가 리더에게는 평정심을, 팀원에게는 신뢰를 선물하는 것이다.

[14]「로빈 가인지 칼럼」에 보면 지식 경영의 핵심으로 '디바이커 방식으로 일하기'를 꼽는다. 디바이커(deviquer)는 'devide'(나누다)와 'Conquer'(정복하다)의 합성어로서 신조어다. 디바이커의 핵심은 말하자면 하나의 문제를 해결하기 위해 그 문제를 세분화하고, 여러 부서에서 팀원들이 현장에 모여 그것을 하나씩 해결해나가는 업무방식이다. 칼럼을 보면 디바이커 방식으로 일하는 것의 의미를 이렇게 설명한다. '디바이커로 일한다는 것은 어떤 과제의 해결을 위해 관련 멤버가 함께 팀워크를 맞춰가는 것이다. 이 과정에서 디바이커 팀장(담당자)의 지식과 역량이 상승하고 주도권을 갖게 된다. 의사결정 권한이 현장으로 이동하게 되는 것이다. 즉, 진짜 지식이 발견되는 현장으로 조직의 관심과 시선이 이동하는 것이다.

---

14) 로인 가인지 칼럼 '디바이커 방식으로 일하기' http://blog.naver.com/robincoach/220487678210

폼 잡지 않고 진실하게 조직의 실력과 대면해야 한다.'

이 말은 곧 조직이 효과적으로 운영되기 위해서는 구성원 간 지식과 경험의 공유가 필수적이라는 뜻이다. 공유를 위해서는 자신이 알고 있는 것이 전부가 아니며, 자신의 경험이 최고가 아니라는 것을 솔직하게 인정하는 것이 필요하다. 이런 마음을 가질 때 비로소 상대방과 있는 그대로 솔직하고 편안하게 나눌 수 있게 된다. 이런 대화 방식이 습관화되면 관계에 있어서 스트레스나 긴장감이 없어지고 평정심이 찾아온다. 그렇게 평정심을 가지고 나눌 때 지혜와 통찰력이 나오는 것이다.

필자 또한 코칭을 해오면서 늘 공유의 힘을 느낀다. 고교 시절부터 사람을 리더로 키우는 사람이 되고 싶었지만 롤모델을 찾지 못한 채 일본 유학에 올랐다. 일본에서 경제와 경영을 10년간 공부한 뒤 한국으로 돌아와 경제연구소에서 일하며 한국 경제에 눈을 떴다. 국가의 경제연구소에서 한국과 아시아 지역의 경제를 연구하며 대략 한국경제의 흐름을 알게 되었을 때 연구소를 그만두고 무역업을 시작했다. 그런데 전혀 즐거움이 없었다. 시작한지 얼마 지나지 않아 한국에 IMF가 닥쳐 상황이 어렵기도 했지만, 더 근본적인 이유는 돈을 버는 일에서 그다지 즐거움을 느끼지 못했다. 그래서 청소년 시절부터 꿈꿔 왔던, 리더를 양성하는 일을 하기로 마음먹었다. 그런데 결심을 한 순간부터 마음에 이상하리만큼 평안함이 생겼다.

코칭에는 나의 가치나 강점뿐만 아니라 약한 부분까지도 솔직하게 나누는 과정이 포함되어 있다. 사람들은 상대가 먼저 약한 부분을 드러내야 비로소 솔직하게 자신을 드러낸다. 따라서 코치가 먼저 약한 부분을 나눌 때 그 모습을 보면서 상대방도 진짜 고민과 약한 부분을 내어놓는다. 그러면 코치와 고객은 함께 편안한 상태에서 잠재되어 있는 재능과 강점, 가치, 열정 등을 마음껏 탐색할 수 있게 된다. 이렇게 자유로운 공유 속에서 한 번도 생각한 적 없는 탁월한 통찰력에 이르게 되는 것이다.

그런데 간혹 코칭 중 상대방이 대안을 찾지 못하고 진퇴양난의 혼란에 빠지는 경우가 생긴다. 이럴 때 코치는 자신의 경험과 지식을 공유하여 상대가 간접적인 경험을 하도록 해줘야 한다. 코치의 경험과 사례를 들으면서 상대방의 내면 깊숙이 잠들어 있던 잠재력이 깨어난다. 그렇게 잠재력이 깨어나면 창의성과 열정이 피어나고 가치 있는 통찰이 일어난다.

코칭은 고객이 '아하! 떠올랐어요!', '아, 제가 왜 진작 그 생각을 못 했을까요!' 같은 통찰의 순간을 만들어내도록 다양한 경험을 공유하고, 질문하고, 경청하고, 피드백하는 과정이다. 이처럼 코칭 대화는 상대방과 코치가 모두 디바이커가 되어, 함께 모든 장애와 가능성을 탐구하고 서로의 잠재력과 열정을 펼쳐서 최적의 솔루션을 찾아내는 통찰의 과정이다.

잠깐 멈추라

[15]고대 철학자겸 과학자였던 아리스토텔레스는 공을 손에 쥔 채 잠자

---

15) 『목표가 독이다』 P72 참고 및 인용

리에 들었다고 한다. 잠이 들면 공을 들고 있던 손에 힘이 풀리면서 공이 툭 떨어질 테고, 이때 침대 밑에 있는 구리 그릇에 공이 들어가면서 큰 소리가 나게 하려는 목적이다. 왜 이런 엉뚱한 행동을 했을까? 그의 행동에는 심오한 뜻이 있었다. 잠이 들 때 즈음 구리 그릇 소리가 들리면 의식이 살짝 잠에서 깬다. 아리스토텔레스는 이렇게 의식과 잠이 반쯤 뒤섞인 상태에서 최고의 통찰력이 발휘된다는 사실을 알았던 것이다.

덕 스티븐슨이란 사람이 있었다. 그는 대학시절 놀라운 경험을 했다. 당시 그는 논문을 준비 중이었는데, 주제로 잡아놓은 노먼 메일러와 트루먼 캐포티에 관한 논문은 전혀 진전이 없었다. 그야말로 악전고투 중이었다. 몇 시간씩 붙들고 있어도 글이 써지지 않았다. 실망감을 넘어 자괴감마저 들었다. '아, 나는 왜 이렇게 능력이 부족할까… 번뜩이는 아이디어는 없는 건가?' 이런 생각과 함께 몸도 천근만근이었다. 그러다가 스르르 잠이 들었다. 그렇게 얼마가 흘렀을까. 책상에 앉아 졸던 스티븐슨이 몸을 뒤척이다가 잠시 의식이 들었다. 비몽사몽 상태에서 침대로 가던 그가 갑자기 멈춰 섰다.

'아! 그래 바로 그거야.'

갑자기 그의 머릿속에 아이디어가 떠올랐다. 그 아이디어는 지금까지한 번도 생각해 본 적이 없는 것이었다. 침대로 가던 그는 돌아와 다시책상 앞에 앉았다. 그동안 이 문제와 집요하게 싸웠던 좌뇌가 잠들자, 창조성을 주관하는 우뇌가 깨어난 것이다. 머리는 미친 듯이 돌아갔고, 수많은 창의적인 생각들이 미처 글로 적지 못할 정도로 계속 나왔다. 새벽

시간에 그는 전체 논문의 정수를 정리한 완벽한 문장을 써 내려갔다. 당연히 논문은 통과됐고, 많은 교수들로부터 칭찬과 격려를 받았다.

이렇게 우리는 가끔 뇌를 쉬게 하여 잠재의식이 본연의 능력을 발휘하게 해야 한다. 아리스토텔레스가 반수면 상태에서 통찰의 길을 찾았던 것도, 평범한 대학원생이 비몽사몽 가운데 번뜩이는 통찰력을 발휘했던 것도 바로 이러한 이유 때문이다.

잠깐 생각을 멈추고 뇌를 휴식하게 만드는 것이다. 그런데 보통 사람들은 아무것도 하지 않을 때 불안해한다. 그래서 끊임없이 뭔가를 하며 계획을 세우고 행동한다. 돌파구를 찾기 위해 자기개발 도서를 읽기도 하는데, 책들마다 '이것 해라, 저것 해라' 다양한 실행을 요구하니 오히려 더 조급해진다.

우리 뇌는 잠시 생각을 멈출 때, 즉 복잡함으로부터 이완되었을 때 편안한 상태가 된다. 일명 알파파 상태라고 말하는 이완 상태에서 깊이 안정을 취하면 뇌는 다음 과정인 세타파 상태가 된다. 이 세타파 상태에서 진정으로 구하는 답이 자연스럽게 나타난다고 한다.

『제로』는 [16]독일의 물리학자인 빈프리드 오드슈만 박사의 슈만 공명이론을 설명하고 있다. 그는 지구 고유의 주파수가 7.8hz란 사실을 밝혀냈다. 그런데 그 지구 고유의 주파수가 사람의 세타파 뇌파에 해당하는 주파수와 같았다. 사람의 뇌파가 지구 고유의 주파수에 공명할 수 있다는 말이다. 다시 말해, 우리 뇌가 세타파 영역에 도달하여 지구의 주파수와 같아질 때 생각지 못한 통찰력을 얻을 수 있다는 뜻이다. 아리스토텔레스가 이 이치를 깨달았는지 알 수 없으나, 어쨌든 그는 뇌를 쉬게 함으로써 통찰력을 얻은 것이다.

이처럼 통찰력은 깊이 몰입하는 상태에서도 일어나지만 반대로 잠깐의 여유 가운데서 찾아오기도 한다. 뇌의 세타파를 활성화하려면 잡념과 생각을 비우고 뇌를 완전히 쉬게 하는 시간이 필요하다. 그럴 때 우리의 통찰력이 깨어난다. 사람들은 종종 화장실에 앉아 있을 때 눈이 번쩍 뜨이는 아이디어가 생각났다고 말한다. 이는 화장실에 뭔가 특별한 것 있어서가 아니라 화장실이 완전한 이완이 가능한 장소이기 때문이다. 아무런 잡념 없이 머리가 완전히 비워진 상태, 그런 순간에 가장 번뜩이는 통찰력이 빛을 발하며 나타난다. 그러므로 일상에 지쳐 있거나 눈코 뜰 새 없이 바쁠 때는 '잠깐 멈춤'상태를 가져보자. 그리고 잠을 자거나 휴식을 취하면서 뇌를 완전히 쉬게 하자. 그러면 어느 순간에 불현듯 원하는 답을 얻게 될 것이다.

16) 『제로』 천시아 지음, 정신세계사

평정심을 유지하라

1. 호흡하기

호흡은 사람의 마음을 편안하고 평정하게 하는 가장 쉬운 센터링 방법이다. 일정한 시간을 내어 하루 10분에서 20분 정도 규칙적으로 호흡을 하는 것이 좋다. 이것을 매일, 어느 장소에서나 가볍게 실행하는 하도록 해보자.

호흡은 정자세로 앉거나 반가부좌로 앉거나 단순히 의자에 앉아 있는 자세에서 할 수 있다. 그리고 코를 통해 더 이상 들이쉴 수 없을 때까지 천천히 숨을 들이마신다. 폐가 차올라 복부가 팽팽하다고 느끼는 순간 잠시 숨을 멈춘 뒤 가늘게 천천히 숨을 내쉬며 복부 근육을 수축시키며 폐를 완전히 비운다.

예를 들어서 3초간은 들이쉬고 7초간은 내쉰다. 또는 4초간 들이쉬고 8초간 내쉰다. 자신의 숨의 길이에 따라 적당한 시간을 정해서 마음이 평정해질 때까지 심호흡을 하는 것이다. 숨을 들이쉴 때에는 새로운 창조적 에너지가 들어오고 숨을 내쉴 때에는 몸속에 있던 불필요한 에너지, 불안, 스트레스 등을 모두 내뿜어버리는 것을 상상하며 하는 것도 효과적이다. 그 호흡의 흐름은 마음의 흐름과 일치하며 어느 순간 정신이 맑아지는데 이런 상태를 센터링된 상태라고 말한다.

---

2. 강화하기

평정심을 유지하고 강화하기 위해 앵커링이란 방법을 사용할 수 있다. 앵커(anchor)란 배의 닻을 말한다. 닻이란 배를 한곳에 멈추어 있게 하기 위하여 줄에 매어 물 밑바닥으로 가라앉히는, 갈고리가 달린 무거운 기구다. 배가 정박해 있을때 닻을 내리면 거센 바람이나 폭풍에도 떠내려가지 않고 그 자리에 머물러 있다. 사람도 마음의 중심에 머물러 있으면 어떠한 외부의 공격이나 부정적인 상황에서도 흔들리지 않고 평정한 상태를 유지할 수 있다.

엥커링이란 이렇게 우리의 마음이 흔들리지 않고 자신의 가치에 기초하여 편안한 상태가 되게 하는 방법이다. 우리는 흩어진 정신을 집중하게 하는 어떤 특별한 물건이나 사인을 엥커링으로 사용할 수 있다.

예를 들면 우리가 가장 즐거웠던 순간, 행복했던 순간, 편안했던 순간을 떠올리면 우리 몸과 마음은 다시 그때와 똑같이 즐겁고 편안해진다. 특히 즐겁고 행복했던 순간을 떠올릴때는 입가에 미소가 지어질 만큼 다시 몸이 생생하게 그 느낌을 떠올린다. 그때 바로 우리의 몸과 마음, 에너지가 즐겁고 편안해지는 것이다. 그런 상태가 바로 잡념이 없는 비워진 가장 나 다운 상태. 자연스러운 상태, 센터링된 상태, 평정심을 가진 상태라고 할 수 있다. 이런 긍정적인 순간들을 몸의 어느 부분이나 어떤 사인에 접목시켜서 그것을 상상하거나 보거나 들으면 곧바로 그때의 그 에너지상태로 되돌아가도록 하는 것이다.

이 사인이란 잔잔한 음악이 될 수도 있고 컴퓨터 앞에 붙여놓은 쪽지, 손짓 등 우리가 의미를 두고 정하는 것이 사인이 될 수 있다. 예를 들어 사무실 들어갈 때마다 보게 되는 문을 앵커로 잡았다면, 그 문을 보면 자연스럽게 마음이 편안해지는 것이다. 이런 식으로 자신이 정해놓은 사인을 보면 우리는 편안한 상태가 되고 센터링이 된다.

---

3. 성찰하기

자신에게 영감을 불어넣어 줄 수 있는 성찰의 시간을 갖는다. 독서나 음악 감상, 일기쓰기, 산책 등 스스로 집중할 수 있는 일을 찾아서 집중한다. 좋아하는 관심있는 책을 읽거나 음악을 들을 때에는 잡념을 내려놓고 집중하는 노력을 해야한다. 몸과 마음이 차분해질 때까지 호흡 등을 통해 마음을 편안히 하고 난후에 집중하는 것도 좋다. 독서 등은 일주일에 며칠, 몇 시간 등 일정한 일시를 정해놓고 규칙적으로 하는 것이 좋지만, 그것이 힘든 경우 주말 등에 잠시 시간을 갖는 것도 좋다.

또한 매일 잠자기 전에 일기쓰기를 한다면 그냥 일기가 아니라 '의식일기', '감사일기' 라는 제목을 붙여서 하루 종일 의식적으로 한 일, 무의식적으로 한 일 등을 돌아보고 적는 것이다. 자신의 언행을 통해 깨달은 것, 바꿀 것 등을 적어보는 과정에서 새로운 깨달음과 통찰을 얻을 수 있다. 나의 언행 중 어떤 것을 버릴 것인가, 버린다면 어떻게 될까, 등 성찰의 시간을 가지는 그 과정이 바로 센터링이 강화되는 과정이다.

---

4. 미션 발견

자기 인생의 미션과 비전을 통찰해보는 것이다. 미션은 '내가 왜 사는가'에 대한 대답이다. 인생의 나침반이자 개인의 삶에서 헌법과도 같은 사명을 명확하게 할 때에 우리는 자신의 삶의 방향을 명확히 잡을 수 있다. 누가 시키지 않아도 하고 싶은 것, 어떠한 희생을 치루더라고 하고 싶은 것 그것이 바로 미션, 즉 평생의 사명이다. 사명을 느껴보고 그것을 이루는 과정이나 이루어진 상태를 상상해보는 과정이 우리에게 영감을 불러 일으켜준다. 그때에는 현재의 불확실성 보다는 미래의 완전한 자신의 상태를 느끼게 하여 편안함을 준다. 그래서 자신의 삶의 목적을 생각하고 그것을 이룬 장단기의 모습을 상상해보는 과정은 우리에게 즐거움과 편안함을 준다. 미션, 즉 사명, 존재가치를 이룬 모습은 언제나 우리에게 영감을 느끼게 해주며 평정함으로 인도해준다.

5. 비전 그리기

비전은 미래 되고 싶은 이상적인 그림이다. 우리의 사명 즉 미션을 이루기 위해 장단기 목표를 세우고 그것을 이루기 위한 미래의 구체적인 방법이나 목표 등을 세우는 것이 비전이다. 비전은 개인과 조직의 해야 할 일의 방향이며 전략이다. 자신에게 맞는 센터링 방법을 선택하여 센터링을 한 후 자신의 비전을 상상해본다. '나는 5년 후, 10년 후, 30년 후 어떤 모습이 될까?' 하는 상상을 하며 상상되어지는 대로 따라간다. 그 상상에서 본 생생한 모습을 글로 적어서 눈에 잘 뛰는 곳에 붙여두고 바라본다. 그것을 볼 때마다 센터링 상태로 들어간다.

_____

_____

_____

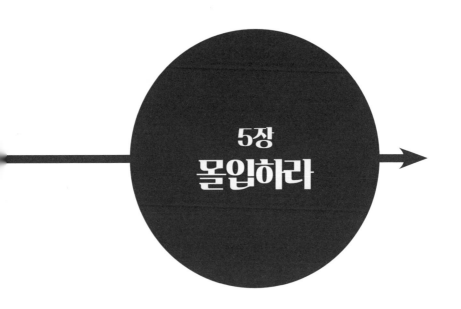

5장
몰입하라

5장
몰입하라

몰입의 힘을 경험하라

"저는 영웅이 아닙니다. 그저 해야 할 일을 했을 뿐입니다."

2009년, 세상을 깜짝 놀라게 만들며 벅차오르는 감동을 전해준 주인공 체슬리 설렌버거 기장의 말로, 영화 〈설리 허드슨 강의 기적〉에 나오는 대사이기도 하다. 미국이 9.11테러로 상처와 아픔의 후폭풍을 겪고 있을 때였다. 이때 사람들의 마음을 놀라게 한 또 하나의 사건이 터졌다. 비행기 추락사건이었다.

사건은 갑자기 벌어졌다. 155명의 승객을 실은 비행기가 갑자기 공중에서 새떼와 충돌하는 일이 발생했다. 그 바람에 양쪽 엔진을 모두 잃었고, 다른 동력장치가 작동하지 않은 비행기는 그대로 추락했다. 그리운 사람을 만나러 가는 사람, 가족과 여행을 떠나는 사람, 자신의 꿈을 펼치기 위해 비행에 오른 사람 등등 각각의 사연을 지닌 승객들은 추락하는 비행기 속에서 극심한 공포에 떨어야 했다.

잠시 후 비행기는 허드슨 강에 불시착했는데, 놀랍게도 단 한명의 승객도 다치지 않고 안전하게 구출되었다. 이것은 행운을 넘어선 그야말로 기적이었다. 이 기적을 이끈 사람은 설리라는 콜네임으로 유명한 기장이었다. 그와 부기장, 승무원, 구조대 등등 모두가 한 마음이 되어 짧은 시간 안에 추락한 비행기 안에서 승객을 구조하는 장면은 미국인뿐 아니라 전 세계인에게 큰 기쁨과 감동을 안겨 주었다. 특히 추락 이후 승객 한 명도 놓치지 않고 살피는 노장 설리 기장의 모습은 더욱 큰 감동이었다.

영화 〈설리 허드슨 강의 기적〉은 설리 기장이 절체절명의 순간에 현명한 판단으로 허드슨 강에 불시착하기로 선택한 사실을 조명한다. 사실 관제탑에서는 다른 곳으로 회항할 것을 권유했었다. 하지만 그는 허드슨 강으로 추락하는 쪽을 선택했다. 그로 인해 승객을 모두 구한 영웅이 되었지만 조사관들에 의해 과연 그 선택이 옳았는지를 추궁받게 된다. 실제 조사관들이 다각도로 그 사건과 대처를 시뮬레이션 해본 결과 설리 기장의 순간적인 판단이 155명의 승객을 극적으로 구해냈음을 확인했다. 그리고 그에게 경의를 표했다. 이에 설리 기장은 담담히 자신은 해야 할 일을 했을 뿐이라며 이런 말을 덧붙인다.

"저는 지난 42년간 수천 번의 비행을 했지만, 세상이 나를 판단한 건 그날 단 한번의, 208초간의 비행입니다. 그러니 우리는 잊지 말아야 합니다. 언제 어디서든 옳은 일을 해야 한다는 것, 그리고 늘 최선을 다해야 한다는 것을, 우리 삶의 어느 순간이 판단 기준이 될지 결코 알 수 없기 때문입니다."

208초라는 짧은 시간 동안 설리 기장은 오로지 자신의 일, 자신의 사명에만 몰입했다. 어떡하든지 비행기를 무사히 착륙시키겠다는 한 가지 사명만 생각했다. 그의 축적된 과거 경험과 현재의 상황 파악 능력을 기초로 해서 미래의 최고의 순간을 예측하면서 단 한 번도 생각해 본 적 없고, 경험한 적 없는 선택을 한 것이다. 그의 통찰력은 수많은 생명을 구했다.

통찰력은 깊은 몰입 상태에서 종종 일어난다. 몰입은 의식적으로 주의력을 조종해서 주의와 관심을 어떤 대상에게 집중시키는 것이다. 통찰은 이렇게 뭔가에 몰입했을 때 순간적으로 번개가 치듯 일어난다.

실제로 짧은 시간에 놀라울 정도로 집중력을 발휘하는 사람들을 보면 초인적인 힘을 발휘한다. 몰입의 힘을 경험한 어떤 교수는 연구 중 몰입으로 수년간 풀지 못한 문제를 푸는 놀라운 경험을 한 이후, 몰입하는 방법을 전파하고 있다. 어떻게 이런 일이 가능할까?

'Flow'라고도 불리는 몰입은 고도의 집중상태를 의미한다. 현재 하고 있는 일에 흠뻑 빠져서 시간의 흐름조차 인식하지 못하는 상태다. 몰입이 왜 통찰로 이어질까? 우리가 어떤 것을 생각하면 우리 뇌는 목표 지향적으로 활동을 이어간다. 전두엽의 명령을 받은 뇌 부위가 충실히 명령을 수행하며 문제를 풀기 위한 일련의 작업을 해나간다. 이것을 전문적으로 시냅스의 활성화라고 부른다. 이렇게 뇌가 활성화되는 과정에서 생각지도 못한 아이디어가 튀어나오고 통찰이 일어나는 것이다.

원하는 것을 이루고자 하는 열망으로 고도의 몰입 과정을 거치면 그 일에 대한 통찰력이 저절로 길러진다. 자신이 좋아하고 가치 있게 여기는 일에 시간을 집중하는 과정, 운동선수가 어떤 기술을 연마하기 위해 몰입하는 과정, 연주자가 음률에 빠져서 연주하는 과정, 학자가 어떤 논리적인 증거를 찾기 위해 수많은 자료들을 수집하고 확인하는 과정 속에서 세기를 놀라게 하는 통찰력이 발휘된다.

몰입으로 생각을 춤추게 하라

"일주일 내내, 24시간 내내, '왜'와 '어떻게'가 머리에서 떠나지 않아야 한다. 그리고 답을 얻었을 때 보상을 받았다고 생각할 정도의 열정이 있어야 한다."

이 말은 『몰입』시리즈의 저자로 알려진 서울대학교 황농문 교수가 최상의 몰입 상태에서 연구한 나노입자 이론으로 한국과학총연합회에서 최우수 논문상을 수상했을 때 했던 말이다. 그는 지금도 대학교수이자 몰입 학습법 강사로서 다양한 활동을 펼치고 있다.

그는 몰입으로 오래된 문제를 해결한 경험을 통해 몰입이 주는 카타르시스를 느꼈고, 그 경험을 독자들과 계속 나누고 있다. 그는 몰입을 통한 통찰의 사례를 몸소 보여준다. 실제 그의 몰입 방법을 통해 각자의 환경에서 놀라운 진전을 보이며 통찰력을 발휘한 사례들이 많이 나오고 있다.

그가 제시한 몰입방법은 생각에서 출발하는데 ,이 방법은 어떤 일에 몰입하는 데 좋은 길잡이가 된다.

1. 명상 또는 묵상하듯 편안하게 생각한다.
2. 1초도 쉬지 않고 의도적으로 계속 생각한다.
3. 이해와 사고 위주로 생각한다(왜, 어째서, 어떻게 화두 던지기).
4. 하나의 사실에서 또 다른 사실을 유추하도록 생각한다.
5. 자투리 시간에도 몰입을 유지하기 위해 노력한다.

이렇듯 몰입은 생각에 깊이 빠져들어야 가능하다. 몰입을 하는 경우, 보통의 사고영역을 뛰어넘는 특별한 사고영역을 경험하게 된다. 몰입은 단시간 동안 한 번에 끝내는 것을 의미하지 않는다. 한 가지 생각을 놓지 않고 몇 시간, 며칠, 몇 달간 지속하는 것도 몰입이다. 즉 한 가지 생각을 시간이 허락할 때마다, 기회가 될 때마다, 지속적으로 하고, 또 하고, 또 하는 것이다. 가장 탁월한 답을 찾을 때까지 하는 것이 몰입이다.

내가 코칭 했던 한 학생은 지적 능력이 뛰어남에도 불구하고 생각하는 것에 익숙하지 않은 사람이었다. 그는 주어진 일을 하거나 형식과 틀에 맞춰 공부하는 일에는 익숙했지만 스스로 아이디어를 낸다거나 문제를 해결하려는 노력이 부족했다. 그러한 상태로는 학문적인 깊이나 통찰을 얻기 힘들다.

그와 이 문제를 놓고 코칭을 진행하면서, 그는 자신이 단 한 번도 공부에 진지하게 몰입해 본 적이 없다는 사실을 깨달았다. 공부란 늘 힘들고 피하고 싶은 것이라는 생각이 견고하게 자리 잡고 있었다. 그래서 그때부터 함께 깊이 있게 생각하는 습관을 가질 수 있는 방법을 찾아보기로 했다. 일단 쉬운 생각부터 하는 게 좋겠다는 생각에 공부가 아니라 좋아하는 취미를 찾아보기로 하였다. 이 학생은 구기 종목을 좋아했지만 운동을 잘하지 못했기 때문에 다른 사람에게 짐이 될까봐 적극적으로 하지 못하고 있었다. 다른 사람에게 폐를 끼친다고 생각해 시도조차 하지 않고 '운동은 피해야 할 것'으로 생각하고 있었다. 그래서 그가 좋아하는 구기 종목 중 혼자나 둘이 할 수 있는 것들을 나열해 보고, 그중에 집주변이나 학교 등에서 쉽게 할 수 있는 것을 찾아보았다.

그렇게 테니스를 시작하게 되었다. 처음에는 매주 한 번씩 하다가 한 달 후, 조금 익숙해지자 주 2회로 횟수를 늘렸다. 시도해 볼 생각조차 없었던 테니스에 의외로 재미를 느끼면서 3개월이 지나자 한 번에 두 시간, 세 시간까지도 지치는 줄 모르고 치게 되었다. 그는 테니스를 통해 실력이 조금씩 늘어가는 재미를 알게 되었고, 실력이 늘수록 힘은 덜 들고 즐거움은 더해진다는 사실도 깨닫게 되었다. 마음속으로 하고 싶었던 구기 종목을 취미로 갖게 되니 몸도 자연히 건강해지고, 사는 재미를 느끼게 되니 성격도 밝아지고 적극적이 되었다.

주 2회 테니스를 치는 습관을 갖게 되면서 서서히 공부에도 의욕을 보

이기 시작했다. 그렇게 공부에 집중하는 시간을 늘려갔는데 조금씩 시험 성적이 올라가는 재미와 쾌감을 느끼기 시작했다. 또한 어떤 문제든 가볍게 넘기는 것이 아니라, 깊이 생각하여 여러 가지 다른 방식으로 연결해 보고, 그렇게 알게 된 자기만의 지식을 선생님의 가르침에서 다시 확인하는 연습을 하였다. 그런 과정 과정에서 성취감과 재미를 느꼈고, 어느덧 깊이 생각하는 습관도 생겼다.

이 학생은 좋아하는 취미에 몰입하는 재미를 알게 된 후, 점차 생각과 공부에도 몰입하는 요령이 생겼다. 코칭을 진행한 6개월 동안, 그 학생은 공부와 생각하는 것의 가치를 깨닫고 몰입의 힘을 체험했다.

이렇게 몰입은 생각하는 힘을 강화시켜 주고, 가치 있는 것을 발견하게 해주며, 부가적으로 즐거움과 쾌감까지 준다. [17]『몰입2』에 보면 이런 글이 나온다.

'가령 내가 어떤 문제에 일주일 동안 몰입을 했다고 하자. 일주일 동안 자나 깨나 그것에 대한 생각만 하고 관련된 문헌만 읽는다면 얼마의 시간이 걸릴까? 적어도 하루에 15시간 이상은 될 것이다. 그렇게 일주일이 지나면 100시간이 넘는다. 일주일만 몰입해도 주어진 문제를 풀겠다는 의지로 만든 시간이, 어린시절에 소망을 형성하는 데 투입된 시간만큼 되는 것이다. 그렇다면 일주일이 아니라 몇 달간 몰입을 실천하면 어떻게

---

17) 『몰입2』 황농문 저, 알에이치 코리아

될까? 몇 개월 동안 계속해서 그 문제에 대해서만 생각하면 머릿속이 온통 그 문제로 가득 채워진다. 그리고 일상의 기억은 금세 잊혀져 기억이 가물가물해진다. 기억에서 사라지면 관심도 없어진다. 이런 상태가 되면 '내가 세상을 사는 이유가 그 문제를 해결하는 것'이 된다. 사람이 품을 수 있는 최대한의 소망과 열정이 만들어지는 것이다.'

몰입이 주는 최상의 효과이자 선물이다. 하지만 몰입에는 훈련이 필요하다. 몰입하는 방법은 다양하다. 제일 중요한 것은 생각할 수 있는 환경을 만드는 것이다. 자신이 가장 편안하게 생각할 수 있는 환경을 만들고, 어떤 것을 생각할 것인지 정한다. 그리고 쉬지 않고 그 생각을 이어가되, 앞서 말한 센터링이 된 상태에서 스스로에게 질문을 하며 의식적으로 날카롭게 생각의 날을 세워야 한다.

'왜 그럴까?'

'어떻게 이런 일이 일어났을까?'

'어떻게 해결할 수 있을까'

'어째서 이 현상이 가능할까?'

이렇게 생각의 날을 세워가다 보면 또 다른 사실을 유추하게 하는 생각이 나오게 되고, 이것은 통찰로 이어져 유익한 결과를 가져온다. 이러한 몰입을 위해서는 '생각할 환경 만들기 → 센터링하기 → 천천히, 편안하게 생각하기 → 의도적으로 생각을 이어가기 → 새로운 사실을 통찰해내기'라는 프로세스를 따르면 용이하다.

가치에 집중하라

칙센트미하이 교수는 [18]몰입에 대한 연구로 유명한 학자다. 그는 몰입의 힘에 대해 연구하며 몰입하는 이들이 인생에서 행복감을 더 많이 느끼고 있다는 연관성을 밝혀냈다. 그러므로 우리 삶에 몰입의 경험이 많아야 한다고 강조한다. 더불어 몰입이 잘 되게 하려면 가치, 자율성, 지식과 기술, 성취감이란 조건이 갖춰져야 한다고 말한다.

좀 더 설명하자면, 자신이 하는 일이 가치가 있다고 판단될 때 몰입하게 되고, 자신의 선택으로 자율적으로 일했을 때 몰입하게 되며, 일을 잘할 만한 수준의 지식과 기술이 충분할 때 몰입하게 된다는 것이다. 이 말은 반대로 가치에 대한 의심이 들 때, 원했던 선택이 아닐 때, 전문성이 결여되었을 때는 몰입하기 힘들다는 사실을 반증해준다.

여기에서 우리는 특히 가치에 대해 생각해 볼 필요가 있다. 조직생활에서 일에 대한 가치를 느끼는 것은 매우 중요한 일이다. 우리가 조직 안에서 그저 시켜서, 월급 받으려고, 어쩔 수 없이 일을 한다면 몰입은커녕 삶의 즐거움과 가치도 느끼기 힘들어진다. 그러면 통찰은 거리가 먼 이야기가 된다.

『바람과 함께 사라지다』는 전 세계적으로 엄청난 판매부수를 기록한

---

18) 『몰입의 즐거움』 미하이 칙센트미하이 저

베스트셀러다. 세대를 뛰어넘어 어린아이까지 이 소설이나 영화를 알고 있다. 이 소설의 작가인 마거릿 미첼은 뛰어난 문장가이기에 앞서 열정이란 내공을 지닌 사람이었다.

사실 이 소설은 자칫 빛을 보지 못할 뻔했다. 그녀는 무명의 작가였기 때문에 작품을 완성한 뒤, 3년이나 소설을 출판해 줄 출판사를 찾아 전전해야 했다. 포기할 만도 했지만, 그녀는 자기 작품의 가치를 믿었기에 그것을 알아볼 누군가를 계속 찾아다닌 것이다. 그러던 어느 날, 맥밀란 출판사의 레이슨 편집장을 만나게 되었다. 무명작가인 그녀에게 관심을 보이지 않고 여행을 떠난다는 편집장을 붙들고 여행길에 꼭 한번만 읽어달라는 간청과 함께 자신의 원고를 건넸다. 원고를 받아든 편집장은 건성으로 대답하고 자리를 떴다. 그런데 마거릿은 10일간 여행을 한다는 편집장에게 세 번이나 전보를 보냈다. 그녀의 열정에 감동을 받은 편집장은 방치해 둔 원고를 집어 들고 읽어 내려가기 시작했다. 그런데 놀라운 일이 벌어졌다. 돌아오는 기차 안에서 편집장은 남북전쟁의 한복판에 서 있다는 착각이 들 정도로 생생한 묘사와 재미있는 구성에 푹 빠져들었다. 내려야 할 기차역을 지나쳐 버릴 정도로 책에 푹 빠지게 된 것이다. 그 결과 마침내 소설은 세상에 나올 수 있었다.

오늘날 우리가 『바람과 함께 사라지다』를 읽을 수 있게 된 것도, 비비안 리라는 아름다운 여배우를 만나게 된 것도 모두 자기 작품의 가치를 믿고 그것을 세상에 내놓고야 말겠다는 작가의 열정과 몰입 덕분이었다.

가치에 몰입하는 비즈엘리트

'비즈엘리트'라는 신조어를 만들어내며 통찰력에 대해 이야기한 책이 있다. 『비즈 엘리트의 시대가 온다』라는 책으로, 이 책은 우리 시대에 통찰을 가로막고 있는 시트엘리트주의를 비판한다. 시트엘리트란 자리를 의미하는 시트(seat)에 지적인 의미의 엘리트(elite)를 합성한 말이다. 시트엘리트라 함은 어느 정도 리더의 위치에서 안정되게 지내는 사람들을 가리킨다. 이것을 부정적으로 말하면 소위 '철밥통', '안정적인 직장에서 안주하는 사람'이란 뜻이다. 최근 안정된 직장이나 공직자를 꿈꾸는 청년들이 많아지는 것 역시 시트엘리트주의의 한 현상이 아닐까 싶다.

시트엘리트는 앉은 자리가 안정적이다 보니 변화나 성장을 꾀하지 않는다. 그 자리에 만족하고 창조적인 생각과 새로운 시도를 하려고 하지 않는다. 이들은 세상이 다 변해도 별로 위기감이 없다. 만일 조직에 이런 사람들이 많다면 그 조직의 성장은 제한적일 수밖에 없다. 그래서 시트엘리트주의를 조심해야 하는 것이다.

반면 비즈엘리트는 다르다. 비즈니스의 약자인 'Biz'와 엘리트의 합성어인데, 마찬가지로 사회의 리더 위치에 있는 비즈엘리트들은 모든 일을 시작할 때 자신이 생각하는 가치를 위해 창조적으로 일하려고 한다. 그들은 가치 중심으로 행동하며, 스스로 질문하고, 상상한 것을 현실에서 실현한다. 그들은 다른 사람에 의존하지 않고, 자신의 가치를 이루기 위해 스스로 최적의 환경과 조건을 구축한다. 이들은 어떤 조직에 몸담고 있을 수도 있지만, 대부분 자신만의 새로운 영역을 구축하여 리더가 된 경우가 많다. 조직에 있다 보면 자신이 생각하는 가치에 따라 영역을 구축하기 쉽지 않기 때문이다.

어쨌든 저자는 이 비즈엘리트의 시대가 오고 있음을 말하며, 우리 사회에 더 많은 이들이 비즈엘리트화 되어야 한다고 강조한다. 비즈엘리트는 스스로 질문하고, 상상력을 실현하는 창조적 소수들로서 빛나는 통찰력을 가졌다. 그렇다면 그 통찰력의 근원은 무엇일까? 비즈엘리트들이 가장 중요하게 생각하는 것은 바로 가치다.

가치가 지닌 가치

가치와 의미를 찾는 과정에서 어떻게 통찰력을 발휘할 수 있을까? 눈에 보이는 성과와 성적을 좇다보면 마음이 조급해진다. 사람과 사람 사이에서 끊임없이 경쟁과 비교가 이루어지기 때문이다. 그런 상태에서는 평정심을 유지하기 힘들기 때문에 상황을 바라보는 시야도 좁아진다. 그러나 가치를 좇으면 경쟁이 아닌 상생이 이루어진다. 가치는 동조하는 사람이 많을수록 더 힘을 받기 때문이다. 또한 일반적으로 가치를 좇으면 자신뿐만 아니라 타인과 사회에도 유익한 경우가 많다. 이 때문에 가치를 추구하는 삶 자체가 자신과 타인에게 유익과 기쁨을 준다. 또한 가치를 실현하는 과정 역시 성숙한 의식을 갖게 하고 내면으로부터 통찰의 힘이 발휘되게 만든다.

어떤 기업의 중간 리더들을 대상으로 그룹 코칭을 진행할 때였다. 꽤 역사가 깊은 기업으로, 국내 시장을 넘어 글로벌 기업으로 도약하고 있는 시점이었다. 이런 상황에서 코칭이 시작되었는데, 리더들의 주요 관심사는 글로벌 기업으로의 사업 확장이었다. 그것을 화두로 갑론을박의 회의가 이어졌다. 어떤 사람은 사업 확장으로 일이 늘어날 것에 대해 스트레스를 받았고, 어떤 사람은 해외로 파견 근무를 나가야 할지도 모른다는 걱정 때문에 힘들어했다.

그 기업의 상황을 자세히 들여다보니 사업 확장에 대한 부정적인 견해가 대부분이었다. 이유는 자신이 맡을 업무가 많아진다는 불만과 아직 자리도 잡히지 않은 사업의 책임을 떠맡을지도 모른다는 불안감으로 정리할 수 있었다. 그런데 그 가운데도 빛나는 보석처럼 가치를 추구하는 극소수가 있었다. 그들은 창업주에게 사업적 영감을 준 곳이 유럽 한 복판이라는 사실과 앞으로 모든 기업은 반드시 글로벌 시장에서 경쟁해야 한다는 사실과 가치를 분명히 인지하고 이해하고 있었다.

필자는 코칭 과정 중 리더들에게 기업의 사명과 해외사업이 지닌 가치에 집중해서 그것이 성공적일 경우 기업과 사회에 줄 유익을 생생하게 그림으로 그려보도록 했다. 그 가치가 실현된 미래를 구체적으로, 그리고 생생하게 그려본 후 모두의 태도가 달라졌다. 비로소 중간 리더들은 해외사업의 가치를 인정하고 믿기 시작했다. 그러자 어떻게 하면 해외사업을 성공적으로 이끌 수 있을지에 관심이 집중되고, 중간 리더로서 그 일에 어떻게 기여할 수 있을지를 진지하게 생각하게 되었다. 명확한 비전과 가치를 공유하자 그들로부터 실제적이고 통찰력 있는 아이디어들이 쏟아져 나왔다.

멀리 떨어진 지사와 본사의 간극을 좁히기 위해 어떻게 네트워크를 만들고, 어떻게 효율적인 결재 시스템을 구축할지 등등 실효성 있고 다양한 제안들이 나왔다. 3개월의 코칭이 마무리된 후, 코칭을 시작할 때는 해외사업에 불만이 많던 한 중간 리더가 현재 해외 지사의 본부장으로 그 기업의 해외사업을 총괄하고 있다. 이것이 바로 가치가 지닌 힘이다.

기업이나 조직이 무언가를 추구할 때 가치에 집중하면 참여자들의 몰입도가 훨씬 높아진다. 진정으로 가치 있는 것을 발견하게 되면 경쟁보다 협력과 상생의 에너지가 생긴다. 특히 기업의 가치와 성장이 구성원 개개인의 가치와 어떻게 연결되는지를 명확하게 이해시키면 구성원들의 자발적인 참여가 일어나고, 함께 그 가치를 실현하기 위해 몰입하는 가운데 조직의 성과를 극대화시키는 집단 통찰력이 발휘된다.

창의적 생각을 증폭시키라

어떤 일에 몰입하기 위해서는 반드시 도화선이 필요하다. 도전이 되는 과제가 있을 때나 창의적인 아이디어가 떠오를 때 몰입이 훨씬 쉬워진다. 그렇다면 어떻게 실제적으로 몰입으로 창의적 생각을 이끌어낼 수 있을까?

스티븐 존슨은 2010년 『탁월한 아이디어는 어디서 오는가?』라는 책에서 '창의적 난류'란 말을 사용했다. 창의적 난류는 창의적인 사람들과 만나서 소통하는 기회를 많이 가지면, 그 소통 속에서 예상치 못한 아이디어가 떠오르거나 아이디어들이 연결되는 현상을 경험하게 되는 것을 말한다.

이러한 창의적 난류를 증폭시키려면 아이디어를 자유롭게 내어놓을 수 있는 환경 조성이 우선 필요하다. 아이디어가 증폭될 수 있는 환경에는 여러 가지가 포함된다. 최근 여러 기업은 기존의 정형화된 틀을 벗어나 뻥 뚫린 열린 공간, 즉 자연스럽게 소통이 일어나게 하는 공간을 만들고 있다. 이렇게 개인들이 만나는 장소뿐만 아니라 전 직원이 한 자리에 모여 소통할 수 있는 공간을 만드는 데에도 자원을 투자하고 있다. 이는 모두 직원들에게서 창의적인 생각을 끌어내려는 노력의 일환이다. 실제로 공간만 바꿨을 뿐인데 직원들이 삼삼오오 모여 이야기를 나누고, 그 과정에서 다양한 아이디어들이 모아져서 조직과 기업에 혁신적인 변화를 일으키기도 한다.

하루에 오만 가지 생각을 한다는 말이 있듯이, 하루에도 수많은 아이디어가 떠올랐다가 사라진다. 나쁜 아이디어란 존재하지 않는다. 연결과 조합이 맞지 않는 아이디어가 있을 뿐이다. 그런데 창의적 난류가 증폭되면 어느 순간 다른 아이디어들과 차별화된 아이디어가 수면 위로 떠오르기도 한다. 이때 그 아이디어가 정말 특별한지를 쉽게 구분할 수 있는 방법이 있다. 물론 누구나 좋은 아이디어인지 아닌지를 알 수 있는 직관력이 있지만, 기준을 가지고 있다면 구분하기가 좀 더 쉬울 것이다. 아이디어의 가치를 판별하기 위해 마케팅 분야에서 흔히 사용하는 '4최1유'의 기준에 대입해 보자.

이 아이디어가 최초인가?

이 아이디어가 최고인가?

이것이 최대인가?

이것이 최신인가?

유일하게 우리(또는 자신)가 할 수 있는 것인가?

창의적 난류가 증폭되는 과정에서 이 기준에 해당하는 아이디어가 튀어 나올 때 그것은 특별한 통찰력의 결과라고 할 수 있다.

한번은 어떤 기업에서 새로운 사업을 기획하고 있었다. 건설로 시작해서 다양한 사업으로 확장한 굴지의 기업이었는데, 그들은 뭔가 의미 있는 일을 통해 건설사의 이미지를 확고히 하고 싶어 했다. 리더들과 핵심 구성원들이 함께 모여 어떤 사업을 진행하는 것이 좋을지 아이디어를 모았다. 아이디어들을 수집하면서 공개적인 소통의 장을 마련하여 창의적 난류가 증폭될 수 있는 여건을 만들었다.

그렇게 하여 많은 아이디어들이 나왔는데, 그중에 가장 눈에 띄는 아이디어는 다리였다. 한강을 잇는 다리는 많지만 한국을 대표하는 랜드마크가 없으니 그런 특별하고 아름다운 다리를 만들자는 전략이었다. 리더들은 이 아이디어를 놓고 그것이 얼마나 차별화된 아이디어인지를 따져

보았다.

Q 이 아이디어가 최초인가?

A 다리 건설은 최초다.

Q 이 아이디어가 최고인가?

A 랜드마크 건설에 있어 최고라고 볼 수는 없다.

Q 이것이 최대인가?

A 다리 중 최대의 규모가 될 것이다.

Q 이것이 최신인가?

A 랜드마크형 다리로 최신이다.

Q 유일하게 우리가 할 수 있는 일인가?

A 다리를 건설하는 건설사들은 있지만, 우리는 이런 대규모 공사를 진행할
수 있는 회사 중 하나다.

이러한 기준에 비추어 보니 회사의 이미지 개선과 성장을 가져다 줄
의미 있는 아이디어라는 결론이 나왔다. 그 아이디어를 채택하여 랜드마
크형 다리 건설을 추진하기로 결정하였다. 역사가 있는 다리를 우리나라

의 새로운 상징으로 만든다는 것은 세계에 우리나라의 위상을 알리는 의미 있는 일이면서 동시에 기업의 브랜드 이미지 향상과 높은 수익을 달성할 수 있는 탁월한 전략이었다. 이처럼 창의적 난류를 만들면 서로가 서로에게 영감을 주고 통찰을 이끌어내어 가장 효과적이고 실현가능한 아이디어를 얻을 수 있게 된다. 또한 창의적 난류가 증폭되면 몰입이 일어난다. 사람들과 아이디어를 나누는 것은 사실 즐거운 과정이기 때문이다. 따라서 기업이나 조직은 창의적 난류를 증폭시키기 위한 여러 가지 방법과 환경에 대해 고민해 볼 필요가 있다.

절망을 창의적 몰입으로 바꾸라

우리는 삶을 살면서 수시로 예기치 않은 실수를 하는데, 어떨 때는 실수가 큰 좌절을 안겨주기도 하지만 의외로 상황을 드라마틱하게 반전시켜 주기도 한다. 실수하면 괜히 위축되고 자신감이 없어지는가? 아니면 오히려 그 원인을 찾고 극복하려고 집중하는가? 실수를 하면 우리는 대체로 두 가지의 반응을 보이게 된다.

나는 어렸을 때 그리 자신감이 있는 아이가 아니었다. 누가 나에게 조언을 하거나 실수를 지적하면 금방 위축되고 뒤로 숨어들어가는 소극적인 아이였다. 실수를 하면 그것을 후회하고 자책하는 마음이 상당히 오래갔다. 그런 마음은 다음에 그 실수를 만회하여 다른 성공적인 경험을 갖기까지 계속된다. 특별히 고등학교 때 하나의 실수는 내 인생의 방향을 바꾸어 놓았다.

나는 사람들에게 나에 대해서 잘 이야기하지 않는 편이었는데, 어느 날 주변에서 아주 신뢰할 만한 사람을 만났다. 그분은 사회생활을 멋지게 마무리하고 퇴직한 분인데 나를 보면 착하고 성실하다고 칭찬해 주고 공부 잘하라고 격려도 해주셨다. 그래서 '이렇게 자애롭고 좋은 분도 있구나' 하고 감동을 받아서 안심하고 솔직한 이야기를 하였다. '정말 세상에 존경할 만한 리더가 없어요. 우리 집에도, 학교에도, 세상에도 존경할 만한 분은 없어요.' 하고 내가 늘 고민하고 있던 것을 말한 것이다. 그랬더니 그분은 갑자기 안색과 목소리 톤을 바꾸면서 '얘야 그런 말 하면 안 돼, 사람을 존경하고 잘 따라야지 존경할 사람이 없다고 말하는 것은 네가 마음이 비뚤어져서 그런거야' 라고 호통을 쳤다. 나는 그의 반응에 너무 놀라 아무 말을 못하였다. 그리고는 그가 나의 생각을 지지해 주리라 믿고 섣불리 말을 한 것을 후회하였다. 그 후에 나는 '세상에 정말 사람들에게 희망을 주는 리더는 한 사람도 없다'고 결론내렸고, 그때부터 아예 사람을 신뢰하지 않게 되었다. 그리고는 하나의 결심을 하였다. '한국에서는 존경할 만한 리더를 찾을 수 없으니 다른 나라로 유학을 가서 내가 배우고 따를 만한 리더를 찾아보아야겠다.' 그것이 내가 유학을 결심한 계기였다.

나는 어려움 속에서도 가까운 일본으로 유학을 가게 되었다. 물론 유학지에서도 세상에 실망하고 마음이 닫힌 나에게 좋은 리더는 보이지는 않았다. 그렇게 길고 긴 유학을 마치고 귀국하여 경제연구원을 시작으로 몇 가지 직업을 경험하였다. 그러나 공허한 마음은 채울 길이 없었고, 결국에는 리더를 전문적으로 양성하고 섬기는 일에 집중하기 시작했다. 그렇게 코칭 일을 시작한지 17년이 지났다. 그 고등학교 때의 실수, 즉 존경하던 분을 리더라고 믿고 솔직히 말했던 실수는 나의 젊은 시절을 우울한 색으로 바꾸어버렸다. 그러나 역설적으로 그 실수 때문에 오늘날 코칭분야의 선구자라는 말을 들으며 리더를 전문적으로 돕는 일을 하게 되었으니, 그 실수는 오히려 꿈을 이루는 일에 몰입할 수 있도록 도와준 고마운 사건이었다는 것을 뒤늦게 깨달았다. 지금은 '사람은 누구나가 잠재적인 리더다'라는 마음으로 사람들이 자신감과 용기를 가지고 자신의 꿈을 향해 도전할 수 있도록 힘을 주는 일에 몰입하고 있다.

LG경제연구소의 위클리 포커스에 최경운 선임연구원이 고객의 실수로부터 배우라는 글을 발표하였다. 기업이 고객의 실수를 잘 관찰하면 새로운 제품에 대한 좋은 아이디어를 얻을 수 있다는 것이다. 사실 고객들의 다양한 실수로부터 오늘날 획기적인 아이템이 세상에 나왔다. 물에 들어가도 젖지 젖는 핸드폰이 그중 하나다. 과거에 수많은 고객이 목욕탕이나 수영장에 빠져 젖은 핸드폰을 가져와서는 고쳐달라고 맡기는 것을 보고, 기업은 젖지 않는 핸드폰 연구에 착수한 것이다. 오늘날 우리가 누리는 편리한 생활도구들은 대부분 누군가의 실수를 보고 얻은 통찰력에서 나온 것이다.

독일의 위르겐 쉐퍼는 『우리는 누구도 완벽하지 않다』는 책에서 인간은 누구나 실수를 저지르게 마련이니 실수를 두려워하지 말고 완벽하려고 하지 말라고 권유한다. 실수를 두려워하면 발전할 수 없다는 것이 그의 주장이다. 인간은 수많은 실수를 통해 배우고 절망의 경험을 통해 삶의 지혜와 통찰력이 자라기 때문이다. 필자도 앞서 이야기한 것처럼 실수투성이에 절망 속에서 살던 사람이라, 오히려 완벽해지려고 노력하며 사람들이 감히 범접하지 못할 정도로 완벽을 추구하던 시절이 있었다. 그래서 코칭 일을 하면서 그 완벽하고 딱딱한 이미지를 벗어버리려고 일부러 말도 가볍게 하고 수다를 떠는 등 숨은 노력을 지속해왔다. 내쪽에서 일부러 작은 실수를 한 후에 웃으며 사과하고 다른 사람의 실수를 발견하면 즉석에서 포용하는 연습을 부단히 하였다. 될 수 있으면 점심에는 누군가를 만나서 함께 대화하며 먹고, 모임에도 나가서 사람들과의 소통에 많은 시간을 투자하였다. 이러한 길고도 집요한 노력 끝에 최근 몇 년간은 '사람이 좋다' '편하다' 소리를 자주 듣게 되었다. 이제야 세상사와 사람들을 포용할 수 있는 통찰력 있는 사람이 되어 가고 있지 않나 하는 생각이 든다.

그렇다면 절망을 창의적 몰입으로 바꾸기 위해서는 어떻게 해야 할까? 먼저 실수를 인정할 필요가 있다. 일반적으로 실수를 인정하지 않으려고 하는 데서 무리한 상황이 만들어진다. 실수가 벌어졌을 때 실수를 덮으려고 변명을 늘어놓는 것은 전혀 생산적인 일이 아니다. 조직생활에서 리더로서 실수할 수 있다. 그런데 의외로 많은 리더들이 실수를 숨기거나 책임을 미루어 버림으로써 상황을 모면하려고 한다. 그러면 업무는 멈추고 진행하던 일은 후퇴하게 된다. 반면 실수를 인정하면 일의 책임소재가 분명해지고, 다음 단계로 나아가기가 수월해진다. 오히려 주변의 호희를 얻을 수도 있고, 자신의 편을 만들 수도 있다. 실수나 실패가 그저 일의 진행 과정이라는 사실을 알고, 깨끗하게 실수를 인정할 때 다음 단계로 나갈 수 있다.

절망을 창의적 몰입으로 바꾸기 위해서는 실수를 통해 통찰을 얻어야 한다. 실수를 통해 통찰을 얻으려면 실수에 대해 면밀히 분석해 보아야 한다. 실수를 하게 된 원인과 과정, 빠뜨린 것과 빠뜨린 이유, 실수로 인한 결과 등을 자세히 분석하고 살펴보아야 통찰을 얻을 수 있는 것이다.

누구나 절망의 순간을 경험할 수 있다. 누구나 넘어지고 크고 작은 실수들을 할 수 있다. 그러나 그것을 통해 통찰을 얻는 것은 누구에게나 일어나는 일은 아니다. 우리가 실수를 배움의 기회, 교훈과 깨달음을 얻을 기회, 뛰어난 통찰을 얻을 가치 있는 경험으로 인정한다면 여유를 가지고 편안한 마음으로 모든 절망적 상황을 창의적 몰입으로 바꿀 수 있다.

workshop 5 몰입하라

1. 몰입을 방해하는 과거의 감정 제거하기

① 생각과 몰입을 방해하는 부정적인 감정 찾아보기

② 과거의 실수나 해내지 못한 일에 대한 후회와 미련을 찾아보기

③ 과거의 부족했던 기억에 연결된 부정적인 감정 제거하기

2. 몰입을 방해하는 미래에 대한 불안 제거하기

① 학력, 재산, 명예, 대인관계 등 마음의 잡념을 만드는 욕망 리스트를 만들어보기

② 미래 꼭 이루고 싶은 희망과 꿈 등에 대해 보다 실현 가능한 계획을 세워보기

③ 미래 희망가 꿈이 완전히 이루어진 기분 좋은 상태를 생생하게 상상하고 느껴보기

④ 미래는 반드시 상상한대로 이루질 것을 믿고 잊어버리고 현재 할 수 있는 일에 집중하기

3. 몰입할 수 있는 가치 있는 일 찾아내기

① 내가 가장 하고 싶고 가치 있게 여기는 일이 무엇인지 리스트를 만들라

② 가치 리스트에서 일상에서 할 수 있는 것을 선택해서 실행계획을 세운다.

③ 매주 매월 진행상황을 점검하고 더욱 가치 있게 만드는 아이디어를 추가하라

④ 그것을 실행하는데 편해지면 추가적으로 그 다음의 가치 있는 일의 실행계획을 세우고 실행에 들어간다.

_____

_____

_____

4. 몰입할 수 있는 아이디어 찾아내기

내가 시도하고 싶은 아이디어 '4최 1유' 구체화하기

아이디어 : _____

① 이아이디아가 최초인가?

② 이 아이디어가 최고인가?

③ 이 아이디어가 최신인가?

④ 이아이디어가 최대인가

⑤ 이 아이디어가 유일한가?

_____

_____

_____

알파고를 뛰어넘는 힘

"영리한 리더들은 들은 것의 반만 믿는다.

하지만 통찰력 있는 리더들은 믿어야 할 그 반이 무엇인지 알고 있다."

— 존 맥스웰

카이스트 정재승 교수는 인공지능과 인간의 차이점을 이렇게 말했다.

'인공지능은 빅데이터로 세상을 본다. 하지만 인간은 스몰데이터로 폭넓게 세상을 본다. 이것이 바로 인공지능이 발전해야 할 부분이다. 데이터를 통한 인지확장능력은 인공지능이 가진 능력이고, 그 데이터를 비판적으로 받아들이면서 가치를 만들어내는 능력은 인간의 능력이다. 그래서 인간은 더욱 전뇌적 인간으로 성숙해 나가야 한다.'

끊임없이 생각하고, 관찰하며, 소통함으로 본질을 꿰뚫어 보는 통찰은 인간만이 가진 대체 불가능한 능력으로 인간다움의 절정이라고 할 수 있다. 또한 하버드대 심리학과 대니얼 길버트 교수는 앞으로 닥칠 미래에는 인류가 이 문장에 대한 해답을 찾아야 할 것이라고 말했다.

'인간은 ☐☐를 하는 유일한 동물이다.'

필자는 빈칸에 '통찰'이란 단어를 써넣고 싶다. 인간다움을 증폭시키고, 인간다움을 향해 있으며, 인간다움의 경지에 있는 통찰은 이 시대 가장 주목받는 화두가 아닐까?

인공지능이 산업 전반을 주도하는 4차산업 시대에 인간을 대신하는 인공지능은 쉬지 않고 스스로 발전하고 있다. 그래서 수많은 사람들이 그 속도에 따라가지 못하거나 하고 있는 일이나 사업이 없어질까 걱정한다. 사람은 한 번에 하나씩 밖에 처리하지 못하는 반면 최신 기계들은 어마어마한 정보나 자료를 동시에 처리할 수 있다. 그러나 기계나 인공지능이 아무리 뛰어나도 그저 인간을 위한 하나의 도구일 뿐이다. 기계나 인공지능은 모르는 것에 대해서는 처리할 방법이 전혀 없고, 모른다는 사실 또한 인지하지 못한다. 이에 반해 인간은 보이지 않는 것을 상상하고, 모르는 것에 대해서 호기심을 가지고 탐구한다. 또한 어떠한 위기라도 기회로 만들 줄 알며, 감성과 창의성, 통찰력을 가진 존재다. 그래서 역설적으로 기술과 산업이 발전할수록 보이지 않는 것을 보고, 새로운 것을 만들어 내며, 사람의 마음을 움직이는 감성능력과 통찰력을 가진 인간은 더욱 빛을 발할 것이다. 더불어 인간은 미래의 기계나 정보, 기술을 통해 그 인간다움을 더욱 강화시켜 나갈 것이다. 그러므로 이제 4차 산업 시대의 인간은 감성과 통찰력을 가지고 인공지능과 어마어마한 정보를 활용하여 인류의 행복을 더욱 증대시켜 나가야 하는 새로운 과제를 안게 되었다.

통찰력은 간단히 말해 보이지 않는 것을 정확히 꿰뚫어 보고, 과거의 경험을 현재의 상황에 연결하여 미래 일어날 최고의 결과를 예측하는 능력이라고 할 수 있다. 역사적으로 보면 과거 산업이 큰 변혁을 이룰 때마다, 위기론이 사회를 어둡게 휩쓸고 지나갔다. 하지만 인류는 항상 또다시 새로운 돌파구를 찾아내어 다음 단계로 나아가며 획기적인 진보를 이루어왔다. 지금 인류 앞에 과거에는 한 번도 경험한 적 없는 또 하나의 진보의 문을 활짝 열렸다. 그럼에도 우인류는 과거에 그랬던 것처럼 지혜를 모아 이 난관을 헤쳐 나갈 것이며, 모든 새로운 것들을 미래의 성장과 행복을 위해 탁월하게 활용해 나갈 것이다. 몸을 멋지게 구부리고 팔을 벌려 큰 파도를 즐기는 서퍼처럼 기대와 흥분된 마음으로 이 역사적인 변화의 파도를 타보자.

추천사

세대를 불문하고 누구나 각자의 환경 속에서 통찰력을 가지고 싶은 마음을 가지고 있습니다. 통찰력을 가지려면 많은 경험과 지식, 수많은 사람들과의 소통, 그리고 관찰의 힘이 필요한데, 이런 능력을 만들어 가는데 이 책이 큰 지침이 될 것 같습니다. 책을 읽으면서 기업인에게 통찰력이 얼마나 중요한지 더 실감했습니다. 저와 같은 기업인뿐만 아니라 다양한 입장에 있는 사람들도 이 책을 통해 큰 도움을 받을 거라 생각되어 강력히 추천합니다.

한국여성벤처협회 회장, ㈜유아이 대표 윤소라

다가오는 10년 이내 현존하는 직업의 절반이 사라진다는 격변의 시대다. 이런 시대에 가장 필요한 것은 통찰력이다. 리더십의 요체는 새로운 생태계를 만드는 능력이기 때문이다. 저자는 오랜 코칭경험과 다양한 비즈니스 현장에서 벌어지는 실제 사례들을 통해 경영자들은 물론 중간관리자들에게 절실히 요구되는 통찰력을 알기 쉽게 설명한다.

한국코치협회 회장 김재우

통찰력

초판 1쇄 펴낸 날 | 2017년 4월 7일

지은이 | 우수명

펴낸곳 | 아시아코치센터
펴낸이 | 우수명
편집장 | 이강임
표지디자인 | 홍시 _ 송민기
내지디자인 | 김한희
마케팅 | 정선우
등록번호 | 제381-2005-000013호(2005.3.14)
주　소 | 서울시 강남구 테헤란로 25길 30 4층
편집부 | **전화** 02-538-3959 **팩스** 02-566-7754
이메일 | editor5@asiacoach.co.kr

ISBN 978-89-93288-50-6(03190)